EL
croquis
217
[I]

editores / publishers
Fernando Márquez Cecilia y Richard Levene, *arquitectos*

director / editor
Fernando Márquez Cecilia

subdirector / deputy editor
Jacobo Márquez Muela

redacción editorial / editorial staff
Paloma Poveda

producción gráfica
Cristina Poveda

fotografía
Jesús Granada

traducción
Simon Berrill y Liliana C. Obal

documentación
Beatriz Rico

marketing digital / ecommerce
Daniel Quesada

administración / administration
Mariano de la Cruz y Ana González

suscripciones
Yolanda Muela y Mayte Sánchez

distribución y departamento comercial
Ana Pérez Castellanos

secretaría
Fabiola Muela

diseño y producción / design and production
EL CROQUIS EDITORIAL

fotomecánica e impresión
DLH Gráfica / Artes Gráficas Palermo

encuadernación
Sucesores de Felipe Méndez García, S.L.

publicidad / advertising
NEX DE PUBLICIDAD
Romero Robledo, 11. E-28008 Madrid
tel.: +34 915 593 003. fax: +34 915 414 269
e-mail: medianex@medianex.es
[Publicación controlada por OJD]

EL croquis editorial
Av. de los Reyes Católicos, 9.
E-28280 El Escorial. Madrid. España
http://www.elcroquis.es

REDACCIÓN - tel.: +34 918 969 414. fax: +34 918 969 412
elcroquis@elcroquis.es
SUSCRIPCIONES - tel.: +34 918 969 410. fax: +34 918 969 412
suscripciones@elcroquis.es
DISTRIBUCIÓN - tel.: +34 918 969 413. fax: +34 918 969 412
distribucion@elcroquis.es

distribución internacional / international distribution

Germany, Austria, Belgium, France, The Netherlands, United Kingdom, Scandinavia, Switzerland, Central and Eastern Europe, Australia, Canada, United States, Japan, Taiwan, Hong Kong, Singapore, Pacific Rim
IDEA BOOKS
Nieuwe Hemweg 6R. 1013BG Amsterdam. Holanda
tel: 20-6226154/6247376. fax: 20-6209299
e-mail: idea@ideabooks.nl

Italy
INTER LOGOS S.R.L.
Via Curtatona, 5/2. 41100. Modena. Italia
tel: 39-059-412648. fax: 39-059-412441
http://www.libri.it. e-mail: commerciale@logos.net

Portugal
DISTRIBUTION ART BOOKS
Avda. Fernández Latorre, 5. 15006 A Coruña. España
tel: +34 881879662
e-mail: info@distributionartbooks.com

Argentina
LIBRERÍA CONCENTRA
Montevideo, 938. C1019ABT Buenos Aires. Argentina
tel/fax: 5411-4814-2479
e-mail: libreriaconcentra@concentra.com.ar

LIBRERIA TECNICA CP67 VIAF SA
Florida 683 - Local 18. C1005AAM Buenos Aires. Argentina
tel: 0054-11-43146303
e-mail: libreriacp67@gmail.com

Colombia
DERGLISH CASTRO RODRIGUEZ
Calle 78 sur # 40-211 apto 1106
055450 Sabaneta-Antioquia. Colombia
tel: 314 381 34 48
e-mail: derglish79@hotmail.com

Costa Rica
JORGE BARRANTES UMAÑA
Urb. José Ma. Zeledón, No. Q12. Curridabat-San José. Costa Rica
tel: 506-2253 5343. fax: 506-2280 3028
e-mail: baumsa@racsa.co.cr

México
FERNANDO EDUARDO PÉREZ HERNÁNDEZ
Pº Eucaliptos Mz 7. LT 34. Casa 5. Col. Unidad Habitacional Arbolada
56530 Ixtapaluca/Estado de México
tel: 0445519540270
e-mail: fernando.librosarquitectura@gmail.com

ARTLECTA
Guadalupe Zuno #1918, Col. Americana Guadalajara,
44160 Jalisco, México
tel: +52 33 31067534
e-mail: info@artlecta.com

Israel
BOOKWORM
9, Kikar Rabin. 64163 Tel Aviv
tel: 972-3-5298490
e-mail: bookworm@zahav.net.il

Korea
MGHBooks Company
Garden 5 Works B511. 289 Moon-Jeong Dong. Songpa-Gu. Seoul 138-961 South Korea
tel: 82-2-20470360. fax: 82-2-20470363
e-mail: mghbooks511@gmail.com / order@mghbook.com

Lebanon, Saudi Arabia, Egypt, Kuwait, Syria, Qatar, United Arab Emirates
ARCHITECTURE ASSOCIATION STUDIO
Nahr El Mot-Metn Al Sarih Highway. Z975 building, 2nd Floor
Beirut Postal Code 2615 2805. Lebanon
tel: +961 1 896 739. m: +961 3 090 131
e-mail: esm@aastudio.m

distribución nacional / national distribution
EL CROQUIS EDITORIAL
Avda. de los Reyes Católicos, 9. E-28280 El Escorial. Madrid. España
tel: +34 918 969 413. fax: +34 918 969 412
e-mail: distribucion@elcroquis.es

ISSN: 0212-5633
depósito legal: M-115-1982
ISBN obra completa: 978-84-125323-1-9
ISBN: 978-84-125323-2-6
Edición digital: ISSN 2174-0356
impreso y encuadernado en Madrid

EL croquis es una publicación miembro de ARCE
y de la Asociación de Editores de Madrid
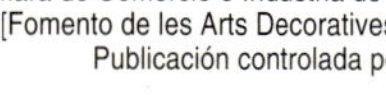

Premio COAM Publicaciones 1985
Premio a la EXPORTACION 1992 de la Cámara de Comercio e Industria de Madrid
Medalla FAD [Foment de les Arts Decoratives] 2004
Publicación controlada por **OJD**

Esta revista ha recibido una ayuda a la edición del
Ministerio de Educación, Cultura y Deporte
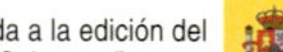

2015 2022

Arrhov Frick

Arrhov Frick

Johan Arrhov (1979) y Henrik Frick (1977) se conocieron con más o menos 15 años, una edad en la que compartieron actividades cotidianas como la música, el arte, la pintura y el tenis de mesa. Después de cursar diversos estudios en economía, filosofía, arte y pintura, se matricularon en el Real Instituto de Tecnología (KTH) de la Universidad de Estocolmo a principios de la década de los 2000. Juntos realizaron sus años de Diplomatura bajo la supervisión de la profesora Ana Betancour, que seguía un método progresivo y basado en la investigación. Su proyecto de fin de carrera recibió elogios de la mitad del jurado, mientras que la otra mitad tuvo una actitud negativa hacia el trabajo por la ausencia de edificaciones, ya que su orientación era la de una discusión crítica sobre la corrupción, los problemas sociales, culturales y ambientales, las construcciones locales y las microeconomías en los países en desarrollo.

Hacia 2009, mientras ambos disfrutaban de una baja por paternidad, y durante algunos paseos y alguna que otra noche, elaboraron una propuesta de concurso para un edificio público situado a una hora al norte de Estocolmo. La propuesta obtuvo el primer premio y les proporcionó un pequeño capital inicial para abrir su propio estudio en 2010. Carlos Nieto Cid (1977) se incorporó al estudio en 2013 y se convirtió en socio en 2017.

La oficina ha trabajado en una gran variedad de proyectos, y su método de trabajo consiste en llevar a cabo una serie de estudios y cuidadosas observaciones in situ de las condiciones existentes como una parte continua del proceso. El objetivo principal es hacer una arquitectura que mejore la vida de las personas, partiendo de la ambición de que la arquitectura y el urbanismo se desarrollen a partir de lo existente, que los edificios sean sencillos de construir y fáciles de mantener, agradables para vivir y descubrir. Unos edificios a modo de lugares o infraestructuras flexibles que puedan servir de apoyo a la libertad ideológica y programática para fomentar la sostenibilidad y la longevidad en el sector de la construcción.

Paralelamente al trabajo en la oficina, destaca su participación en el discurso académico como críticos en jurados y universidades de toda Europa. Son conferenciantes asiduos por todo el mundo y su trabajo ha sido publicado en varias revistas y libros internacionales. Su trabajo se ha expuesto en la Bienal de Venecia en 2016, entre otros eventos, y han sido nominados para el Premio de Arquitectura Contemporánea de la Unión Europea - Premio Mies van der Rohe en 2019. Ese mismo año dirigieron un curso en la Academia de Oporto.

Desde 2021, Johan Arrhov es profesor invitado en la Accademia di Architettura de Mendrisio, donde dirige un curso basado en la investigación. En estos estudios se abordan distintas cuestiones relacionadas con los cambios que deben producirse en las necesidades y los comportamientos sociales como herramienta para lograr propuestas arquitectónicas relevantes.

Johan Arrhov (1979) and Henrik Frick (1977) met around the age of 15. Music, art, painting, and table tennis were often the daily activities. After various studies in economics, philosophy, art and painting, studies began at the Royal Institute of Technology (KTH) in the early 2000s. Together they did their Diploma years under the supervision of Professor Ana Betancour. The studio was progressive, and research-based. Half of the jury praised the thesis, while the other half had a negative attitude to it as it lacked buildings. Instead, it presented a critical discussion about corruption, societal, cultural and environmental issues, locally made constructions and microeconomies in developing countries.

Around 2009 both were on parental leave and during some walks and nights, an architectural competition proposal was developed for a public building an hour north of Stockholm. The proposal was awarded first prize and provided for a small start-up capital to open their own studio in 2010. Carlos Nieto Cid (1977) joined the studio in 2013 and became a partner in 2017.

Working with a diversity of projects, the process is much like during the studies with careful in situ observations of conditions as a continuous part of the process. The main objective is to do architecture that makes life better for the people. An ambition that architecture and planning should be developed from the existing. An ambition that buildings should be simple to construct and easy to maintain. They should be pleasant to live in and to discover. The buildings as places or flexible infrastructures that can support ideological and programmatic freedom to encourage sustainability and longevity in the construction sector.

In parallel to the studio, an involvement in the academic discourse as critics in juries and universities around Europe is important. They frequently lecture throughout the world and their work is widely published in several international magazines and books. They have been exhibited at, among others, the Venice Biennale in 2016 and nominated for the European Union Prize for Contemporary Architecture – Mies van der Rohe Award in 2019. The same year they had a teaching studio at the Porto Academy.

Since 2021, Johan Arrhov is appointed as visiting professor at the Accademia di Architettura Mendrisio, holding a research-based studio addressing questions of necessary changes in needs and behaviours as a tool to achieve relevant architectural proposals.

Portrait photo: Mikael Olsson

Relación de colaboradores: previos y actuales / Staff list: previous and current

Henrik Almquist, Maja Alton, Anna Björkegren, Astrid Hjort Blichfeldt, **Imogen Clarke**, Roberta Corradetti, Sophie Grediac, Gustava Grüntuch, **Joesephine Harold**, Jennifer Heinfeld, **Fumiya Hitomi**, Rebecca Jordan, Iris Lacoudre, Carl Larsson, Viktor Lindström, Dieke Luursema, Martin Miljand, Konstantin Miroshnychenko, Louise Morin, **Filip Mesko**, **Maria Mrugalska**, **Carlos Nieto**, Sofia Nyman, **Sara Patriksson**, Pepe Ribera, Milan Simsic, Camille Sineau, **Malin Skafvenstedt**

¿Con Cuánta Sencillez Podemos Construir?

Una Conversación con Johan Arrhov y Henrik Frick

Ilka Ruby y Andreas Ruby

Su oficina, Arrhov Frick, empezó a ser conocida en gran medida por sus exquisitos proyectos residenciales de madera, construidos en apartadas islas del Archipiélago de Estocolmo, todos ellos caracterizados por una incesante búsqueda de la sencillez, tanto en términos de expresión formal como en cuanto a modos o procedimientos de construcción. Aunque ustedes pudieron haber desarrollado una carrera basada exclusivamente en este tipo de práctica, han elegido, no obstante, dedicarse también a explorar una arquitectura de mayor escala, y además, en contextos urbanos. Unos proyectos en los que ustedes manejan diferentes materiales —hormigón, acero— y procedimientos de construcción —prefabricación—. ¿Cuál entienden ustedes que sería el vínculo entre estas dos diferentes facetas de su trabajo?

Creemos que el vínculo estaría en el similar enfoque adoptado en ambas, un enfoque independiente de la escala de la intervención. Y decimos 'creemos' porque nunca hablamos de nuestro proceso de trabajo. Es algo que tiene mucho que ver con un elemental sentido común. Nos gusta aprender a construir de maneras diferentes, operar con distintos materiales, estructuras y logísticas, aunque quizás de una forma bastante restringida: decidimos aprenderlo todo sobre una cosa, y luego, pasamos a la siguiente. Y así, vamos dando pequeños pasos hacia adelante. Ésta la manera en la que nos gusta trabajar. También porque vemos que en nuestra relación con los clientes, los consultores o incluso los constructores, este enfoque nos permite conseguir el control del proceso. En Suecia, los arquitectos no suelen estar al mando de la obra por circunstancias legales. De modo que nosotros, a nuestra manera, tratamos de encontrar vías para conseguir ponernos a cargo de la dirección, controlar el proceso y ser capaces de dar al usuario las mejores calidades.

Por ejemplo, en la pequeña Casa en Viggsö, apenas había presupuesto. Para acometer el proyecto con garantías, necesitábamos aprenderlo y comprenderlo todo acerca del contexto, tener una idea clara sobre cuál podría ser el material más adecuado a utilizar. Una vez decidido que éste sería la madera, tuvimos que aprenderlo todo sobre la capacidad de carga y el comportamiento de una estructura de madera; o sobre cómo proyectar los encuentros óptimos, para decidir cuáles deberían ser el tornillo y el perno idóneos que pudieran simplificar la construcción. Necesitábamos entender la logística de la situación, porque entre otras cosas, todo el material precisaba ser transportado por sólo dos personas desde la orilla hasta la casa por un sendero de 50 metros que atravesaba un risco escarpado. Este condicionante decidió por sí solo las dimensiones de los postes y las vigas de madera, y limitó las opciones en cuanto al tipo de estructura. Luego, el proceso de diseño fue muy rápido. También lo fue levantar la estructura —tres días—, que sirvió a su vez de andamio de la obra. Un andamio útil para el constructor (un carpintero) a la hora de sumar el aislamiento, las ventanas o las paredes.

Nosotros preferimos utilizar materiales y estructuras vinculadas al contexto local y a la logística de la obra, aunque los proyectos sean de gran escala. Si bien, en éstos, en los proyectos más grandes, barajamos la posibilidad de ampliar el número de proveedores, incluso de optar por alguno que, aunque esté más alejado del lugar de construcción, sea más económico, lo que ocurre con frecuencia. Esto, que en principio puede implicar un mayor gasto en transporte y logística, al final resulta más barato, una opción que no es viable cuando se trata de construir una casa de pequeña escala. Es importante apuntar que Suecia es, en este momento, el país más caro de Europa a la hora de construir (lo cual es absurdo, dada la mala calidad de la construcción, en general, de las nuevas edificaciones; pero ésta es otra discusión), de modo que si la obra es lo suficientemente grande puede salir a cuenta hacer los elementos prefabricados lejos, aunque suponga un mayor gasto en transporte. Si ése es el caso, nosotros lo hacemos, porque aseguramos una mayor calidad al usuario.

How Simple Can We Build?

A Conversation with Johan Arrhov y Henrik Frick

Ilka Ruby & Andreas Ruby

Your office Arrhov Frick became known mostly for exquisite residential projects made of wood on remote islands in the Stockholm Archipelago. They are all characterised by a relentless quest for simplicity, both in terms of their formal expression and the means and methods of construction. You could have built a career solely on this type of work, but instead you chose to also explore architecture on a bigger scale and in urban contexts, too. In these projects you work with different materials (concrete, steel) and construction methods (prefabrication). How would you define the link between these two different strands of work?

We think the link would be a similar approach adopted in both of them, independently of the scale of intervention. We say we think, because we don't have an agreed method regarding our working process. It is something closely related to basic common sense. We like to learn about different methods, operating with different materials, structures, and logistics, although perhaps in quite a narrow way. We want to learn all there is about one thing, then we move on to the next — small steps forward. This is how we prefer to work because we can also see that we gain control of the process when working with clients, consultants, and even builders with this approach. In Sweden architects are not normally in charge because of legal conditions. But we try to find ways of putting ourselves in charge, in our own way, to control the process and to be able to produce better quality for the user.

For example, in the small Viggsö house there was hardly any budget. To complete the project properly, we needed to learn and understand everything there was about the context and the right material to use. Once we had decided that would be wood, we had to learn everything about the load capacity of a wooden structure; how to design the best possible connections, deciding on the ideal screw and the bolt that would simplify the construction. We needed to understand the logistics of the situation, because, among other things, all material needed to be carried by two persons from the shore some 50 metres up a cliff to the position of the house. This conditioning factor decided the dimensions of the wooden posts and beams with a certain capacity. It allowed us to make a structure with a limited number of choices. Then, the design process was very fast. So was putting up the structure — three days — and this also served as useful scaffolding for the builder (a carpenter) to add insulation, windows and walls to the structure.

We prefer to use materials and structures relating to local contexts and logistics of the site, even in large scale projects. However, in larger projects there is the (often cheaper) possibility of expanding the number of producers and perhaps selecting one further away from the building site. This in principle means that we could spend more on transport and logistics and the total could still come out cheaper (in contrast to building a small-scale house where this is not an option). It is important to mention that Sweden is the most expensive country in Europe to build in at the moment (which is absurd given the general poor quality of construction in new-build projects, but that is another discussion). If large enough, there could be a value of making prefabricated elements remotely and making more effort to transport them. If that is the case, we do it in order to improve quality for the user.

COMPLEJO RESIDENCIAL EN BRUNSTORP
RESIDENTIAL COMPLEX IN BRUNSTORP
Jönköping, Sweden. 2016 2018

Así ocurrió en el conjunto residencial de Brunstorp. La obra se desarrolló básicamente a través de una serie de reuniones vía Skype entre nuestra oficina y Lituania, donde se construyeron todos los elementos prefabricados. Hicimos croquis, hablamos sobre ellos y los trasladamos directamente a un modelo de referencia para la prefabricación. Utilizamos ese arquetipo para simplificar los elementos, los encuentros y el tiempo de construcción. La obra se hizo con un presupuesto muy bajo, por un importe casi imposible en Suecia, gracias a que pudimos dedicar muchísimo tiempo a jerarquizar las ideas, identificando lo realmente importante. Como el sitio estaba apartado, y el conjunto de viviendas competiría con villas ajardinadas, priorizamos únicamente tres objetivos: generosas áreas al aire libre ligadas a cada apartamento, tamaños de apartamentos más grandes de lo habitual, y terrazas y sauna para los residentes (zonas comunes extra que al ser semipúblicas hacen que los apartamentos puedan considerarse aún más amplios).

Preferimos esta forma de operar, haciendo que las cosas no sean más complicadas de lo necesario, escuchando a los expertos, revisando nuestras propias ideas y manteniendo una actitud abierta y una disposición hacia el aprendizaje. También nos importa la reducción, intentando minimizar el gasto en material o en la construcción de determinadas partes del proyecto para poder dedicarlo a otra partida que podamos encontrar más relevante. La economía es una realidad y un punto de partida para un enfoque sostenible. Aspiramos a una arquitectura básica que utilice los recursos de forma controlada, y al conocimiento como herramienta, independientemente de la escala de la intervención.

Si la economía es el punto de partida, ¿cómo determinan exactamente el desarrollo de sus proyectos? ¿Cuál es la relación entre economía y sencillez? ¿Son virtualmente sinónimos? Es decir, la clase de sencillez arquitectónica que ustedes se esfuerzan por conseguir, ¿también ha de ser económica (es decir, no costar mucho), pues si no lo fuera perdería la cualidad de ser sencilla?

Sí, así es. Hacer una arquitectura simple, que versa puramente sobre lo estético, no nos interesa mucho, aunque la respetemos y podamos apreciarla. Es sólo que no es la forma en la que a nosotros nos gusta trabajar. Conseguir un 'aspecto simple' requiere soluciones encubiertas y a menudo complicadas. Y nosotros aspiramos a tomar decisiones meditadas sin necesidad de encubrirlas.

Obviamente, nos gustan, y apreciamos, las cosas bellas. Durante la construcción, estamos constantemente tomando decisiones siempre intencionadas, en cada etapa, desde la estructural hasta la de los detalles, y lo cierto es que la mayoría de las veces optamos por la solución más sencilla. Son decisiones naturales. En cualquier caso, la cuestión es: ¿qué significa, exactamente, una construcción sencilla? Algunos esperarían que significase emplear el material más barato; pero, en realidad, ese material podría desgastarse rápidamente, y entonces habría que gastar más en reemplazarlo, con lo cual esa solución podría llegar a costar más que realizar un desembolso en un material algo más caro desde el principio. Otros pensarían que utilizar diferentes vigas con diferentes prestaciones, en función de cada situación específica —por ejemplo, distintos vanos— podría parecer una buena idea de partida; pero luego, ensamblar toda la estructura podría suponer muchas conexiones diferentes y muchas horas de trabajo, lo que incrementaría el coste. En cambio, utilizar la misma viga en todas partes, aunque al principio implique un coste material ligeramente mayor y un cierto encarecimiento en producción, hace que el ensamblaje pueda ejecutarse con un solo tipo de conexión y, por tanto, sea mucho más rápido.

Por otra parte, aunque un material barato pudiera necesitar ser transportado desde más lejos que otro más caro, al final, la suma de costes podría ser igual. Esta ecuación, este equilibrio, nos parece muy interesante. Gracias al curso que Johan está impartiendo en la Universidad de Mendrisio, en Suiza, nos dimos cuenta de que este fenómeno ocurría en todo el mundo, tanto a escala global como en contextos locales; hemos descubierto desde desastres ambientales en la producción de materiales hasta desastres logísticos en el transporte de los mismos —materiales que van de acá para allá y otra vez de vuelta—. Hicimos estas investigaciones para generar una conciencia, una suerte de pensamiento crítico, y utilizarlo como herramienta. También, para fomentar el uso de los materiales y los procedimientos locales de forma respetuosa, inteligente; para considerar la historia y no tener que reinventar todo de nuevo cada vez. Al contrario: nos resulta interesante refinar y reajustar los modelos existentes para un uso contemporáneo. Nos parece crucial recurrir a una cierta columna vertebral de conocimiento, asumir la responsabilidad sobre nuestro trabajo y actuar moralmente en consecuencia. No empezar a proyectar directamente, sino descubrir primero el contexto y aprender de él. En nuestro entorno globalizado es fácil pensar que hay infinitas posibilidades, pero si uno profundiza encuentra que unas decisiones son mejores que otras.

PARK
EDIFICIO DE APARTAMENTOS
PARK
HIGH-RISE APARTMENT BUILDING
Jönköping, Sweden. 2021-

Contextos en Suecia
Swedish contexts

The Brunstorp housing project was basically developed in a series of meetings between our office and Lithuania where all the prefabricated elements were made. We made sketches, talked about them, and directly transferred them into the reference prefab-model. We used the model to simplify elements, connections and construction time. The project was built for a very low budget, an almost impossible amount in Sweden. We could only achieve it because we did a lot of thinking about the hierarchy of ideas. What was really important? The site is remote, and the building would compete with villas with gardens. We identified a few ambitions: we wanted generous outdoor areas connected to every apartment and larger apartment sizes than normal. Additional communal areas, terraces, and a sauna so the residents could expand their apartments even more into semi-public zones.

We prefer this way of developing buildings rather than making things more complicated than they need to be. Listening to experts. Reviewing our own thinking. Being open and able to learn. Reduction is important. We try to reduce material or construction in some areas of a project to be able to spend that amount on something else we find more relevant. Economy is a reality and a starting point for a sustainable approach. We aim for a primitive architecture that uses resources in a controlled way and knowledge as a tool, independent of scale.

If economy is a starting point for a project, how exactly does it structure the development of your projects? What is the relationship between economy and simplicity? Are they potentially synonymous, i.e., does the kind of architectural simplicity you strive for also have to be economical (= not cost a lot) and would it lose its quality of being simple if it isn't?

Yes, it does. To make simple architecture in a purely aesthetic sense does not interest us very much even though we respect and can appreciate it. It is just not the way we like to work. To achieve a 'simple look' requires hidden and often complicated solutions. We aim to make deliberate choices without the need to hide anything.

Obviously we like and appreciate beautiful things. We make conscious choices all the time in our constructions but most of the time we end up using the simplest solution in every small phase, from structural into detail. It is a natural choice. But the question is what exactly is a simple construction? Some would look for the cheapest material. But that material might wear out really quickly and then you need to spend more on replacing it, which might cost more than the initial investment of a somewhat more expensive material. Others would think using different beams with different capacity as a response to specific situations or different spans might seem a good initial idea. But when assembling the whole structure, it might require many different connections as well as a lot of working hours, which increases cost. To use the same beam all over, on the other hand, means a slightly higher initial cost and a certain over-capacity, but assembly is very fast and can be done with one type of connection.

Meanwhile, although a cheap material might need longer transport time than another more expensive one, in the end the costs added together could end up the same. We find this equation or balance very interesting. Through the seminars that Johan is teaching at the University of Mendrisio in Switzerland we discovered this phenomenon occurs in a global perspective as well as in local contexts throughout the world, from logistical disasters transporting material back and forth and back again to environmental disasters when producing materials. We made these inquiries to generate awareness, a form of critical thinking and to use this as a tool. To use local materials and methods in a clever, respectful way. To look at history and not to re-invent everything again every time. By contrast it is interesting to refine and readjust existing models for contemporary use. We find it crucial to address a certain backbone of knowledge, to take responsibility for your work and take moral action. Not to start directly with a design but to discover a context first and learn about it. In our globalised environment it is easy to think there are endless possibilities. But if you take a closer look, you might find out that one choice is better than another.

Trabajar con materiales predominantemente locales se considera una de las estrategias esenciales de las que se vale la arquitectura para reducir sus emisiones de CO_2. Francis Kéré, por ejemplo, utiliza sobre todo tierra para sus edificios en Burkina Faso, una técnica empleada tradicionalmente en este contexto antes de la colonización. La arquitectura de los países desarrollados emplea materiales de procedencia geográfica muy diferente que han de ser transportados hasta sus destinos finales a un alto precio ecológico. ¿Es imaginable para ustedes que se imponga en Suecia una gama estricta de materiales de construcción locales? ¿Podría eso funcionar? ¿Y qué materiales serían? ¿Podría reemplazarse el hormigón armado, dependiente de los recursos globales al menos en lo que se refiere al acero?

Ésa es una buena pregunta. Últimamente, pueden verse muchos *renders* de nuevas construcciones en madera, en especial, en los concursos. En algunos países, difícilmente tienes oportunidad de ganar si no propones un edificio en madera. Es el efecto colateral de la mercadotecnia de un material que parece resolver el dilema: plantas un árbol, lo dejas crecer, lo talas y lo conviertes en un edificio, ¿qué más se puede pedir? Pero no es tan simple. Los árboles se cortan en un país, se suelen transportar a otro, donde se procesan materialmente, y luego se transportan de vuelta al país de origen. La madera laminada es un excelente componente. Es bastante ligera y resistente al fuego. El problema es que sólo un número limitado de fábricas puede producirla. Y su elaboración es difícil, se necesita mucha cola, calor y presión. Y también suele necesitar mucho transporte, más aún si la obra no está cerca de la fábrica —lo normal es que un edificio grande precise una enorme cantidad de este material—. La madera laminada es, en sí misma, un tesoro, incluso huele bien, nos encanta, pero para hacerla realmente neutra en cuanto a emisiones de carbono todavía queda un largo trecho por recorrer.

Ahora estamos trabajando sobre un edificio fabril, en el norte de Suecia, a una hora de aquí. Su tamaño aproximado es de 100x50 metros, y su altura de 10 metros. Para la estructura estamos empleando sólo una combinación de maderos estándar de pino sin tratar, de 45x170 mm. A pesar de la pandemia y las guerras, este componente sigue siendo barato, y su producción es local. Y aunque el tiempo de construcción llevará algunas horas más, y la cantidad requerida de material también será mayor, no habrá problemas de suministro.

Efectivamente, el hormigón armado es dependiente de los recursos locales (por el momento). Pero al mismo tiempo es un material lento, por ejemplo, en términos de acumulación de calor. Una fuente de calor de tecnología poco avanzada, aunque efectiva, en coexistencia con una estructura de hormigón se convierte en un enorme radiador de carga lenta, lo cual es bueno para un país como Suecia con sus inviernos largos y fríos. Este escenario concede al edificio una larga vida útil, un menor consumo de energía y una mínima necesidad de mantenimiento. Por supuesto, el material de construcción es un aspecto importante; pero la ecuación completa es más crucial como respuesta. También es de esperar que podamos desarrollar sustancias alternativas que sirvan como adhesivo. Por ejemplo, en Asia occidental, hay técnicas muy interesantes en las que se lamina con piezas de madera a modo de ensamblaje, como pernos sometidos a una presión natural. Así, una pajita podría convertirse en una viga. Estamos volando a la Luna y a Marte, así que esto pasará aquí también. Debe pasar. Estamos seguros.

Movimiento ascético de vida natural
Natural life ascetic movement

El cambio climático es una realidad y, en cierta medida, ya irreversible. Si queremos frenar al menos las consecuencias más desastrosas de este cambio climático, los científicos piden un cambio de paradigma en la lógica económica de la producción: desde la eficiencia a la suficiencia. El concepto de eficiencia apunta a reducir la inversión material para lograr un resultado determinado (por ejemplo, el ingeniero Philippe Block ha desarrollado un nuevo sistema de losas de hormigón armado en suelos de oficinas que requiere sólo un 30% del hormigón y un 10% del acero que se suele emplear al construir un forjado convencional de este tipo; obviamente, un buen paso). No obstante, el concepto de suficiencia es más radical, pues cuestiona la demanda real que buscamos satisfacer. Plantea la cuestión de qué seríamos capaces hacer si prescindiéramos de ella.

Su búsqueda de la sencillez en arquitectura, ¿ha de entenderse también de esta manera? Y si es así, ¿cómo creen que podrían materializarla en su arquitectura?

Mi abuelo participó en un movimiento ascético de vida natural, originado en Suecia en la década de los treinta, que intentó mejorar la salud pública e introducir un estilo de vida sencillo (Are Wearland escribió mucho sobre este modo de vida). Sus partidarios buscaban oxígeno y sol, seguían una dieta vegetariana y vivían la mayor parte del año al aire libre, en verano incluso por la noche. Las pequeñas casas que construyeron solían tener pequeños patios, protegidos del viento y la lluvia. Contaban con instalaciones para cocinar al aire libre y, a veces, cabañas en las copas de los árboles, más cerca del sol. Una vida sencilla en la naturaleza: eso era suficiente para ellos.

Working with predominantly local materials is considered to be one of the essential levers for architecture to reduce its CO_2-emissions. Francis Kéré for instance uses mostly earth for his buildings in Burkina Faso, a technique which was traditionally used in this context prior to colonization. Architecture in developed countries employs materials from very different geographical origins which have to be transported at a high ecological price to their final destinations. Is it imaginable for you to enforce a strong system of using local materials when you build in Sweden? Could this work? What materials would these be? Could you replace reinforced concrete which, at least in terms of the steel, is dependent on global resources?

This is a good question. Lately you can see a lot of renderings of new buildings in wood, especially in competitions. In some countries you hardly have a chance to win if you do not present a wooden building. This is a side effect of the marketing of a material that seems to resolve the dilemma: you plant a tree, let it grow, fell it and turn it into a building — what more could you want? But it's not that simple. Trees are cut down in one country, often transported to another, materially processed there and transported back to the first country again. Laminated timber is a great component. It is fire resistant and the material is fairly lightweight. The problem is that only a limited number of factories can produce this material and the production is demanding: you need a lot of glue, heat and pressure. If your site is not close to the factory, you need a lot of transportation, too. For a large building you usually need massive amounts of the construction. The material in itself is a treasure. It even smells good. We love the material, but there is still a long way to go to make it really carbon-neutral.

We are now trying to develop a factory building one hour north of Sweden. The size of the building is about 100x50x10 m high. For the structure for the building, we are using only a combination of standard 45x170 untreated pine studs. Regardless of the pandemic and wars this component is still cheap and locally made. Construction will take a few more hours, and we will use more material, but there is no problem regarding supply.

In fact, reinforced concrete is dependent on local resources (at the moment). At the same time, it is a slow material in terms of collecting heat, for example. A low-tech yet effective heat source in coexistence with a concrete structure becomes a huge, slow, ideal active radiator, which is good for a country like Sweden with its long cold winters. This scenario endows a building with a long lifespan, less energy consumption and a minimal need for maintenance. Of course, the building material is an important aspect but the whole equation is more crucial as a response. Hopefully we can develop optional glue products. There are very interesting techniques in western Asia, for example, where you laminate with wooden pieces as joints, like bolts under naturally created pressure. Then a straw can become a beam. We are flying to the Moon and Mars so this will happen here as well. It must happen. We are positive.

EDIFICIO INDUSTRIAL FABRIKEN
FACTORY BUILDING FABRIKEN
Norrtälje, Sweden, 2021-

Climate change is a reality and is, to some extent, already irreversible. If we want to curb at least the most disastrous consequences of climate change, scientists call for a paradigm shift from efficiency to sufficiency in the economic justification of production. The concept of efficiency aims to reduce the material investment to achieve a given result. For instance, the engineer Philippe Block has developed a new system for reinforced concrete office floor slabs that requires only 30% of the concrete and 10% of the reinforcing steel of a typical floor. This is obviously a good step. However, the concept of sufficiency is more radical and questions the actual demand we seek to fulfil. It asks the question: what could we do without?

Should your quest for simplicity in architecture also be understood in this way? And if so, how do you think you could materialize it in your architecture?

My grandfather was involved in an ascetic natural living movement that started in the 1930s in Sweden. Are Wearland wrote a lot about this way of living, which tried to introduce a simple lifestyle and improve public health. Its enthusiasts were looking for oxygen and the sun, followed a vegetarian diet, and lived most of the year outside — in the summer even during the night. The small homes they built often included small patios that were secured from wind and rain. They would feature outdoor cooking facilities and sometimes cabins in the treetops, close to the sun. A simple life in natural surroundings — that was enough for them.

En nuestro mundo contemporáneo, la suficiencia es ciertamente más difícil de lograr. El segundo seminario que he impartido este año en Mendrisio (2022) lleva por título '¿Con cuánta sencillez podemos vivir?'. Sencillez no tanto en cuanto a pobreza, sino en cuanto a 'cualidades extendidas'. Este tema nos interesa, y es crucial para tratar de entender lo que podría significar para nosotros. Cambiar comportamientos y estándares de vida que han estado arraigados en la sociedad durante décadas es un gran desafío. Pero ya hay un cierto cambio en marcha: la gente empieza a preferir usar trenes de larga distancia en lugar de aviones; y cada día es más común reutilizar material cotidiano, ropa e incluso alimentos. Es sólo un comienzo, pero nos alegra ver que se entra en acción y no sólo se habla. La gente tiene refugio y comida, pero eso ya no es suficiente. Esperamos, y creemos, que no haya contradicción entre vivir de una manera más sencilla y tener una excepcional calidad de vida, todo al mismo tiempo.

Estamos trabajando en un proyecto de viviendas en Mälarhöjden, al suroeste de Estocolmo, en el que proponemos un espacio abierto con un baño, una cocina y una estufa para hacer fuego. La estructura es de hormigón, un material que servirá como colector de calor. El edificio consiste básicamente en una estructura reducida a su esencia, muros divisorios de carga de 200 mm, y losas prefabricadas de hormigón entre medias. El cliente es inteligente, está interesado en las nuevas formas de vida, y tiene el valor, además, de hacerlas realidad. Nuestra ambición es construir tanto el área interior como el exterior por la misma cantidad de dinero que costaría construir un 30% de viviendas más pequeñas. Eso significa, simplemente, más casas por menos. Durante diez años, o más, hemos estado intentando convencer a los promotores de llevar a cabo este tipo de ideas —procuramos impulsar esta mentalidad en cada nuevo proyecto que hacemos—, y ahora es cuando, por fin, parece posible ponerlas en práctica.

bring natural light into people's lifes

We like to be useful

to provide undetermined possibilities of use

We don't feel a need to invent

light - LIFE

We admire optimized/

We like to question

We appreciate natural development

Parece que la suficiencia puede únicamente convertirse en un paradigma operativo de la simplicidad arquitectónica si los clientes están dispuestos a redefinir sus necesidades. Su abuelo sería hoy un cliente modelo. Sin embargo, todavía demasiado a menudo la gente define sus necesidades, sus pretensiones, en términos de eficiencia: ¿cuánto valor puedo conseguir con mi dinero? (La tipología de automóvil más popular sigue siendo el SUV, un coche cuyo rendimiento, claramente, no se corresponde con las necesidades reales de movilidad de la gente que lo conduce.) ¿Qué margen de influencia tiene un arquitecto para cambiar un programa de proyecto totalmente controlado por el cliente? ¿Cuál es su propia experiencia al hablar con los clientes sobre lo que un proyecto debería ofrecer en cuanto a espacio, bienestar y comodidades? ¿Podría la sencillez volverse virtualmente más atractiva como cualidad en el diseño de un proyecto, y sustituir a otros aspectos que puedan resultar más llamativos, aunque también innecesariamente enrevesados?

El diseño de edificios, en nuestro contexto, está ligado con frecuencia a un cierto nivel de inseguridad por parte de los promotores. Los promotores suelen pedirnos que diseñemos un proyecto residencial en su totalidad, desde la estructura hasta el interior, pero no están dispuestos a correr ningún riesgo, lo que se traduce en que el diseño debe gustar a todo el mundo, no importa si la vivienda tiene acabados de lujo o es más básica, da igual. Más tarde, al cabo del tiempo, suelen añadir lo que ellos piensan o entienden que la gente quiere. Y así, lo que nos llega son escenarios de vida bastante predeterminados. Utilizar materiales que no tienen sentido y colocar tabiques donde no se necesitan reduce el potencial de los espacios y, por lo general, hace que la construcción se encarezca. Ese coste adicional se detrae de otra parte del proyecto, y la cadena es interminable. Por ilustrar esta cuestión con una experiencia personal: uno de nosotros, Johan, vive en un edificio de apartamentos de los años treinta, en una zona donde la mayoría de los apartamentos son pequeños y sencillos, en un barrio que en su momento se consideraba pobre. Aún así, el edificio se hizo con buenos materiales, es sólido y cada año presenta mejor aspecto. Los muros son gruesos, las ventanas tienen un tamaño generoso y el ambiente interior es confortable (basta con abrir las ventanas en un día de verano muy caluroso para disfrutar dentro de una sensación térmica agradable). El edificio respira de manera natural. Se trata de lo mínimo necesario, aunque bien hecho. Pero ahora, en Suecia, en las ciudades y en sus alrededores, se construyen constantemente costosas urbanizaciones de escasa longevidad que al final proporcionan una calidad de vida bastante deficiente. Uno se pregunta de dónde viene esta contradicción.

Volviendo a la pregunta inicial, nosotros solemos seleccionar y definir una serie de cualidades, o de ambiciones, en la primera etapa de un proyecto. Esas listas, o notas, suelen ser breves y sencillas y nos sirven de guía para el proyecto. No podemos, ni queremos, tenerlo todo; en lugar de eso preferimos, y nos gustaría, ayudar en la toma de las 100 o las 1000 decisiones que comporta realizar un edificio, seleccionando este o aquel sistema o producto, material y conexión. Y cuando establecemos los distintos sistemas y principios estructurales del edificio, lo hacemos después de observar y analizar con los expertos los diferentes condicionantes. Es entonces, cuando durante el proceso formamos un equipo junto con los consultores y el promotor, cuando podemos sentirnos suficientemente libres a la hora de diseñar el edificio e impulsar la arquitectura en la dirección en la que creemos. (Ahora es cuando entendemos algo mejor esta maquinaria, tras mucha práctica haciendo frente a los obstáculos.)

In our contemporary world, sufficiency is indeed more difficult to achieve. The second semester in Mendrisio 2022 is called "How simple can we live?" Simple not in terms of poor, but in terms of *extended qualities*. This topic is interesting to us and it's crucial to try to understand what it could mean to us. To change behaviours and standards of living which have been ingrained in society for decades is a great challenge. There is a certain shift going on though. People are starting to prefer to use long-distance trains instead of airplanes. Reuse of daily material, clothes and even food is becoming more and more commonplace. It's only a beginning, but it makes us happy to see people engaging in action and not just talk. They have shelter and food but that is not enough. We hope and believe there is no contradiction between living more simple and having exceptional qualities of life at the same time.

We are developing a housing project at the moment in Mälarhöjden just southwest of Stockholm where we propose an open space with a bathroom, kitchen and a stove to make a fire. The structure is in concrete, as a heat collector. The building is basically the structure reduced to its necessary essence. The dividing walls are load-bearing, 200 mm concrete, with prefabricated floor slabs in between. The client is intelligent and interested in new ways of living and has the courage to make it happen. Our ambition is to produce an indoor area as well as an outdoor area for the same amount of money which it would cost to build around 30% smaller homes. That simply means more homes for less. For 10 or more years we have been trying to convince developers of such ideas, and now we might finally be able to realize them. We are trying to push these thoughts in our work in every new project.

BLOQUE DE VIVIENDAS MÄLARHÖJDEN
MÄLARHÖJDEN HOUSING BLOCK
Stockholm, Sweden, 2021-

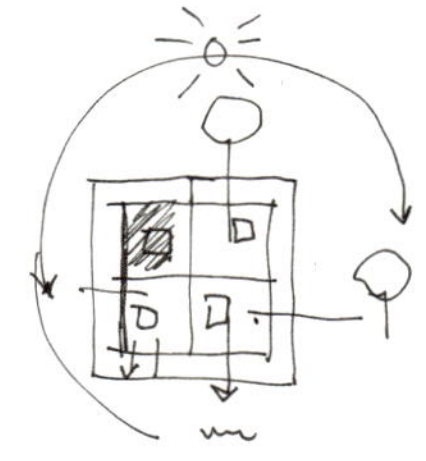

Sufficiency, it seems, can only become an operative paradigm of architectural simplicity with clients willing to redefine their needs in terms of sufficiency. Your grandfather would be a model client today. But too often people still define their demand in terms of efficiency — how much value can I get for my money? The SUV is still the most popular car typology, and that's a car whose performance clearly does not correspond to actual automobile needs of the people who drive it. What leverage does an architect have to change an overpowered project brief of a client? What are your experiences in talking to clients about what a project should offer in terms of space, comfort and amenities? Could simplicity potentially become more attractive as a design quality than a maybe flashier, but also unnecessarily convoluted, project?

Designing buildings in our context is often connected with some level of insecurity from developers. Developers often ask us to the design a housing project all the way, from structure to the interior. But they are not willing to take any risks, which means everyone needs to like the design. It does not matter if the housing is high-end or more basic, it is fundamentally the same. A while later, developers often include their own thoughts and definitions of what people want. But this gives you rather predetermined scenarios for living. Using materials that make no sense and placing partitions where you don't need them reduces the potential of spaces and usually makes construction more expensive. That extra cost is taken from somewhere else in the project, and the chain is never-ending. To illustrate this point with a personal experience: one of us, Johan, lives in an apartment house from the 1930s in an area that was, at that time, considered poor, where most of the apartments are small and simple. But the building consists of well-made materials, is robust and gets better every year. The walls are heavy, the windows generous in size and the indoor climate is comfortable. On a very warm summer day, all you need to do is to open the windows to get a comfortable indoor temperature. The building is breathing naturally. It is all about essential necessities, but well-made ones. But now expensive housing developments are constantly being built in and around cities of Sweden with rather poor living qualities and short lives. You wonder where this contradiction comes from.

Going back to the initial question, we often define qualities or selected ambitions in the early stage of a project. These lists or notes are often short and simple and act as guidelines in the projects. We can't or don't want to have it all but prefer and would like to be helpful in making the 100 to 1,000 choices that become a building. To select this or that system or product, material and connection. Observing and analysing the different conditioning factors with experts, we establish systems and structural principles. Then, when we become a team together with consultants and the developer in the process, we can be rather free in designing the building. Then we can push the architecture in a direction we believe in. This machinery is something we understand more now, but it takes a lot of practice in the face of obstacles.

Los arquitectos dicen, con frecuencia, que les gustaría construir de manera más sencilla, pero que sienten que eso es imposible por los estándares de confort que la normativa constructiva impone a un edificio hoy en día. ¿Son nuestros estándares de confort demasiado altos para construir con sencillez? Si es así, ¿de cuál de esos estándares creen ustedes que se podría prescindir? Imaginemos que nos transportamos con una máquina del tiempo a la época de su abuelo, hacia 1930. Los edificios de entonces solían construirse de forma mucho más simple —hasta el punto de que podrían considerarse, en parte, ilegales según los estándares actuales— y, no obstante, dieron cobijo a toda una sociedad y permitieron que generaciones de niños crecieran en ellos. ¿Qué es, exactamente, lo que imposibilita el empleo de esos mismos bajos estándares de construcción hoy en día?

Todo es posible. No queremos echar la culpa a los presupuestos, a los promotores o a las regulaciones para construir arquitectura. Queremos trabajar con todos ellos, utilizarlos como herramientas. La mayoría de las normas son importantes, y sin ellas reinaría el caos. Las regulaciones sobre la accesibilidad, el ruido o la luz, por ejemplo, obligan a los promotores a cumplir, al menos, con unas calidades básicas. Un tema importante sería el de la industria de la construcción, en general. Es un debate que hemos tocado antes, pero que es importante mencionar dentro de este contexto. Varias empresas de construcción están fijando los estándares y los costes. Otro factor son los costes de material. Los árboles se cortan en un país, se exportan a otro y se vuelven a importar de nuevo al país de procedencia. Hay formas catastróficas de manejar los diferentes materiales para aumentar los beneficios. Por ejemplo, los Estados Unidos están comprando madera sueca que luego venden a China; de ahí que Suecia tenga que comprar la madera de Noruega. Éste es un problema real, que no sólo afecta a la arquitectura y las ciudades, sino a nuestro planeta. En todo caso, sí que hay una normativa que debería ajustarse, y tiene que ver con los coches. Si hoy en día uno quiere construir un proyecto de viviendas, también necesita construir, básicamente, una estructura de estacionamiento ya sea debajo o sobre el suelo. Lo segundo suele ser más económico, de ahí la razón de que hoy muchas de las plantas bajas sean volúmenes cerrados. En nuestra opinión, para conseguir un cambio relevante, antes de discutir las normas de construcción habría que tratar muchos otros temas.

Por otro lado, a otra escala, la regulación desde la perspectiva urbanística es crucial. Puede que este apartado sea incluso más relevante que la de la regulación edificatoria. Si tenemos esto en cuenta, deberíamos impulsarla y convertirla en uno de los valores centrales del urbanismo. Nosotros vemos muchos problemas en la ideación de los planes generales, al menos, en aquellos a los que nos hemos tenido que enfrentar. Tienen claramente el potencial de limitar a la gente, desaprovechar los recursos, o planear edificios e infraestructuras que no necesitan ser programados; incluso tienen el potencial de limitar la arquitectura a opiniones y cuestiones de gusto. Éste es un sector con mucho potencial y que merece la pena desarrollar, comenzando, por ejemplo, por lo existente y desde la escala más pequeña para descubrir lugares, estructuras, especies y atmósferas que simplemente necesitan ser comprendidas para, a partir de ahí, poder potenciarlas.

Una forma de economizar nuestra práctica constructiva sería, sencillamente, construir menos. Y podríamos hacerlo si dotáramos a los edificios de una mayor esperanza de vida. Tendemos a demoler edificios demasiado deprisa (en Suiza, a veces, después de tan sólo veinte años). Si nos resistimos a tanta demolición y nueva construcción, podríamos destinar esos recursos al desarrollo de una cultura constructiva de longevidad arquitectónica. Pero, ¿cómo hacemos edificios resistentes a los cambios impredecibles? ¿Cómo podemos idear el mejor modo de preparar un edificio para que responda a los cambios funcionales y de otro tipo que le sobrevendrán durante esa vida útil de 80 a 100 años? El Movimiento Moderno intentó abordar este problema mediante conceptos de flexibilidad, pero en realidad sus ideas rara vez funcionaron de la forma en que se suponía que debían hacerlo: la mayoría de los escenarios adaptativos que arquitectónicamente fueron prefijados nunca se hicieron realidad, porque no hubo la correspondiente demanda para tales escenarios particulares. ¿Necesitamos adoptar un nuevo enfoque para abordar la flexibilidad arquitectónica?

Usar y reutilizar lo que ya existe es natural, y crucial. Los añadidos deben tener una expectativa de vida larga. Para debatir sobre la flexibilidad arquitectónica se debe tomar en consideración la economía. Mientras el monopolio de la construcción actual siga intacto, será difícil construir tal y como se hizo en la década de los treinta, en cuanto a esperanza de vida de los edificios se refiere, a menos que entre en juego un promotor progresista, como vimos antes.

Aún así, nosotros estamos interesados en reflexionar sobre la esperanza de vida también. En Hovgården habrá una cimentación de hormigón, que acumulará calor y frío. Encima, una estructura de madera, protegida. Los soportes serán lo suficientemente resistentes como para permitir levantar plantas adicionales, si se precisa. El interior se irá conformando, adecuadamente, en función del momento y las necesidades. Podríamos tener que sustituir la fibra de vidrio dentro de 40 ó 50 años, si todavía estamos aquí. La madera está tratada. El interior crecerá. Cultivaremos nuestra propia comida. Y la casa crecerá por dentro, si también se necesita.

Architects often say they would like to build simpler, but feel that it's impossible because building regulations impose standards of comfort that a building must provide today. Are our buildings standards too high to build simply? If so, which of these standards do you think we could do without? We could make a thought experiment and beam ourselves with a time machine back to the time of your grandfather around 1930. Buildings then were often built much more simply — to the point where they might be partially considered illegal by today's standards — and yet they allowed for generations of children to grow up in them. They sheltered a whole society. What exactly makes it impossible to reinstate the same lower standard of building regulations today?

Everything is possible. We don't want to blame budgets, developers or regulations for making architecture, we want to work with it as a tool. Most regulations are important and without them there would be chaos. Regulations on accessibility, noise, light for example forces developers to fulfil some basic qualities at least. An important issue would be the building industry in general. This is another discussion we touched upon before but which is important to mention within this context. A number of construction companies are setting the standards and costs. Materials costs are another factor. Trees are cut in one country, explored to another and reimported to the first country again. There are catastrophic ways of handling different materials to increase profit. For example, the US are buying wood from Sweden and selling it further on to China, which means that Sweden then has to buy wood from Norway. This is a real problem, not only regarding architecture and cities but for our planet. There is one regulation that needs to be adjusted though, and that involves cars. If you want to construct a housing project today, you basically need to build a parking structure as well, either below or at ground level. The latter is often cheaper, which is why many ground floors nowadays are closed volumes. There are lots of issues that need to be handled to achieve a relevant change before discussing building regulations in our opinion.

Meanwhile, on another scale, regulations in the planning perspective are crucial and this phase maybe even more relevant than the buildings. With this mind, we should elevate that process and make it a core value when developing cities. We see a lot of problems with the masterplan idea, at least the ones we come up against. They definitely have the potential to limit people, to waste resources, and to plan buildings and infrastructure that don't need to be programmed. They have the potential to restrict architecture to questions of taste and opinion. There is so much potential in this sector to be further developed, such as starting from the existing and the smaller scale. To discover places, structures, species, atmospheres that simply need to be understood and, from this, developed further.

CASA EN HOVGÅRDEN
HOUSE IN HOVGÅRDEN
Adelsö, Sweden. 2020-

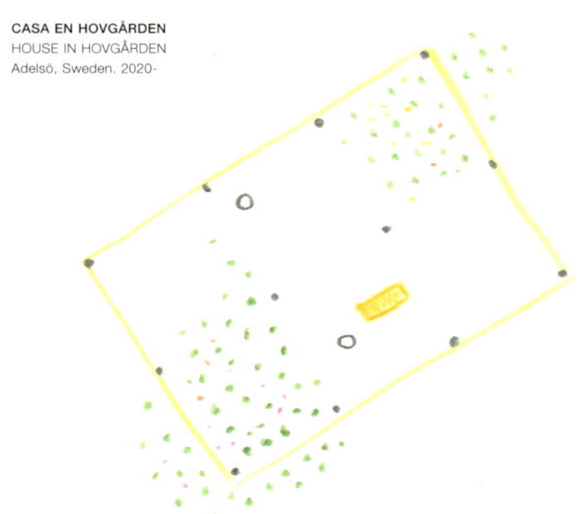

One way to simplify our building practice would be to simply build less. And we could build less if we endowed the buildings we do build with a longer life expectancy. We tend to demolish buildings way too quickly (in Switzerland sometimes after only 20 years). If we resist so much demolition, we could use the resources that today we spend on demolition-and-building-anew schemes to develop a building culture of architectural longevity. But how do we make buildings resilient to unpredictable change? How can a building best be prepared to respond to functional and other changes during 80-to-100-year lifespan? Modernism has attempted to tackle this issue by concepts of flexibility, but, in reality, these have rarely worked out the way they were supposed to — most of the adaptive scenarios that were pre-set architecturally were never updated because there was not the corresponding demand for those particular scenarios. Do we need a new approach to architectural flexibility?

To use and reuse what is already there is natural and crucial. The additions need to have a long-life expectancy. To discuss architectural flexibility, you need to take economy into consideration. As long as the current construction monopoly will stay intact, it will be difficult to build as you did in the 1930s in terms of life expectancy of heavy buildings unless a progressive developer comes into play as mentioned before.

We are interested in questioning life expectancy though. In Hovgården there will be a concrete foundation collecting heat and cold, with, on top of it, a sheltered wooden structure. Columns are tall enough to allow for erecting additional floors. The inside will develop fine according to time and need. We could replace the glass fibre in 40-50 years if we are still here. The wood is protected. The inside will grow. We will grow our food. The house will grow inside if it needs to.

CASA GRISSLEHAMN
GRISSLEHAMN HOUSE
Väddö Veda, Norrtälje, Sweden. 2020/2021

Sus casas en el campo sueco ilustran varios modos de sencillez arquitectónica. Intentan funcionar con un mínimo de tecnología, y tratan de conseguir la autarquía, por ejemplo, utilizando inodoros incineradores en lugar de inodoros de agua. Sin embargo, todavía siguen conectadas a una red de infraestructura mayor por motivos de accesibilidad, suministro de energía y otras prestaciones. ¿Se podría aplicar esa misma idea de sencillez que guía su diseño arquitectónico también a la infraestructura global? En otras palabras: ¿se podría radicalizar la autarquía de la arquitectura hasta un punto en que la infraestructura prácticamente desapareciera, dejando paso únicamente a una oposición dialéctica entre naturaleza y vivienda? ¿Sería éste el último logro del Sueño Sueco?

Sí, podría ser un sueño común. Este verano no pudimos construir la casa para mi familia (*habla Johan*) en Hovgården debido a una serie de obstáculos y crisis globales. En su lugar, montamos una lona entre los árboles, como una enorme cubierta, y funcionó muy bien. El segundo paso, unos días después, fue hacer una chimenea exenta, un fogón para cocinar, calentarnos y estar a gusto. Después, instalamos una carpa lo suficientemente alta como para poder estar de pie dentro. Los niños no estaban muy contentos, por la falta de electricidad, pero después de unos días la cosa fue bien. Durante el verano, medimos las distancias entre las rocas para que luego éstas pudieran servir de base para una terraza elevada situada en el punto más alto posible. Llenábamos depósitos de agua y los transportábamos. Ahora sabemos bastante bien cómo cocinar en el bosque. Para nosotros esta experiencia nos plantea preguntas acerca de cómo vivir y nos hace conscientes de lo que somos capaces. Uno puede andar y correr más de lo que cree. Uno puede vivir de forma sencilla 'y' de forma excepcional. Nos gustaría explorar más en esta dirección. Al principio, no me entusiasmaba mucho la idea de hacer nuestra propia casa, me resultaba algo muy complejo. Ahora estamos encantados. La casa no será realmente una casa, será más un refugio duradero que podremos usar todo el año. Casi se ha desarrollado por sí misma, por lo que nosotros seremos importantes, básicamente, como sus usuarios y cuidadores. La casa tendrá todo lo necesario. Tendrá cualidades extra, posibilidades para el confort y la felicidad que no se pueden realmente medir ni calcular. Contendrá estaciones, luz y animales, agua y plantas. Estamos deseando vivir esta experiencia.

CASA VELAMSUND
VELAMSUND HOUSE
Saltsjö-Boo, Sweden. 2021 2022

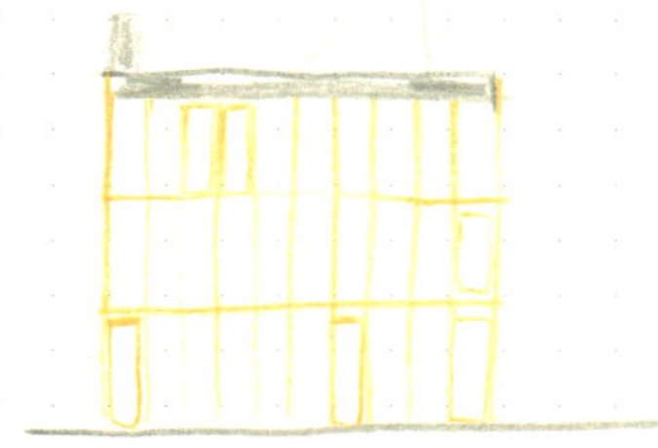

Ilka Ruby es una arquitecta, comisaria de exposiciones, autora y editora de arquitectura y urbanismo radicada en Berlín. Estudió arquitectura en RWTH Aachen y TU Berlin y ha enseñado diseño y teoría de la arquitectura en la Universidad de las Artes de Berlín, la Escuela de Arquitectura Peter Behrens de Düsseldorf y la Universidad de Cornell Ithaca, en Nueva York.

Andreas Ruby es crítico de arquitectura, editor y comisario de exposiciones. Después de estudiar historia del arte, filosofía y ciencia de los medios en Berlín, Trier, Bonn, Düsseldorf y Colonia, trabajó como editor de la revista de arquitectura *Daidalos* en Berlín. Posteriormente ha enseñado teoría arquitectónica en la Universidad de Cornell en Ithaca, Nueva York, Universität Kassel, TU Graz y ENSAPM en París. Desde 2016 es director del Museo Suizo de Arquitectura S AM en Basilea.

Juntos fundaron Textbild, una agencia de comunicación arquitectónica, en 2001, y la galardonada editorial de arquitectura Ruby Press en 2008. Ilka Ruby y Andreas Ruby han supervisado como comisarios varias exposiciones y videoinstalaciones.

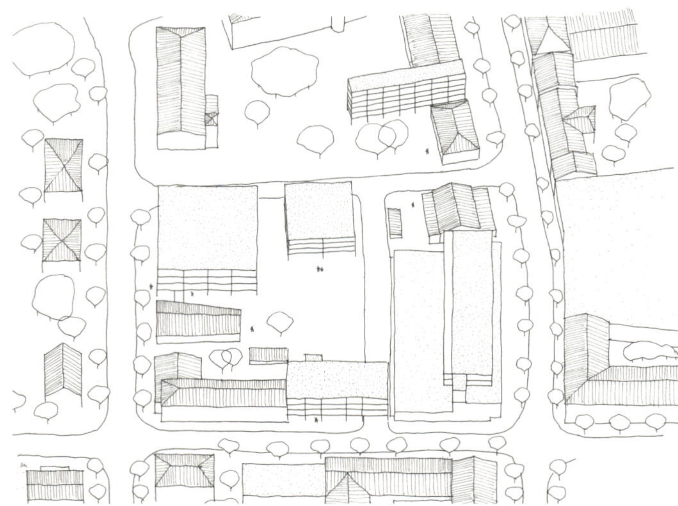

EDIFICIO HÍBRIDO BOKEN
HYBRID BUILDING BOKEN
Vetlanda, Sweden. 2020-

Your houses in the Swedish countryside exemplify various modes of architectural simplicity. They try to make do with a minimum of technology and strive for autarchy, for instance by using incinerating toilets instead of water toilets. But they are still connected to a larger infrastructural network for mobility access, energy supply and other services. Could one apply the same idea of simplicity that governs their architectural design to the overall infrastructure as well? In other words: could one radicalize the autarchy of architecture to a point where the infrastructure would virtually disappear, so that all that would be left would be the dialectic opposition of nature and house? Would this be the ultimate accomplishment of the Swedish Dream?

It might be a common dream. We could not build the house for my (Johan's) family at Hovgården this summer because of different obstacles and global crises. We installed a fabric like a huge roof in between trees instead as a first step, and it worked very well. As a second step some days after that we made an open fireplace for heat, comfort and cooking. After that we installed a tent that was tall enough to stand inside, so we could be somewhere indoors. The kids were not very happy because of the lack of electricity but after some days they were fine. During the summer, we measured distances between rocks to become a foundation for an elevated terrace at the highest position possible. We would fill tanks with water and carry it. We now know quite well how to cook in the forest. For us, this experience is about living and a sense of awareness. You can walk and run further than you think. You can live in both simple and exceptional ways. We would like to develop further in this direction. Initially, I was not very enthusiastic about making our own house: it tends to be very challenging. Now we are thrilled. The house will not really be a house but more of a durable shelter we can use all year. It is almost developed by itself. We will mostly be important as its users and caretakers. The house will have everything necessary. It will have extra qualities, potentials for comfort and happiness that can't really be measured or calculated. It will include seasons, light and animals, water and plants. We look forward to experiencing this process.

CASA EN HOVGÅRDEN
HOUSE IN HOVGÅRDEN
Adelsö, Sweden. 2020-

LE FAMILISTÈRE GUISE
Guise, France. 1859
Architect: Jean-Baptiste André Godin

Ilka Ruby is a Berlin-based architect, curator, author, and publisher on architecture and urbanism. She studied architecture at RWTH Aachen and TU Berlin and taught architecture design and theory at University of the Arts Berlin, Peter Behrens School of Architecture Düsseldorf, and Cornell University Ithaca, New York.
Andreas Ruby is a German architectural critic, publisher and curator. After studying art history, philosophy and media science in Berlin, Trier, Bonn, Düsseldorf and Cologne, he worked as an editor for the architectural magazine *Daidalos* in Berlin. He subsequently taught architectural theory at Cornell University in Ithaca, New York, Universität Kassel, TU Graz and ENSAPM in Paris. Since 2016 he is director of the S AM Swiss Museum of Architecture in Basel.
Together they founded Textbild in 2001, an agency for architectural communication, and the award-winning architectural publishing house Ruby Press in 2008. As curators, Ilka Ruby and Andreas Ruby have overseen several exhibitions and video installations.

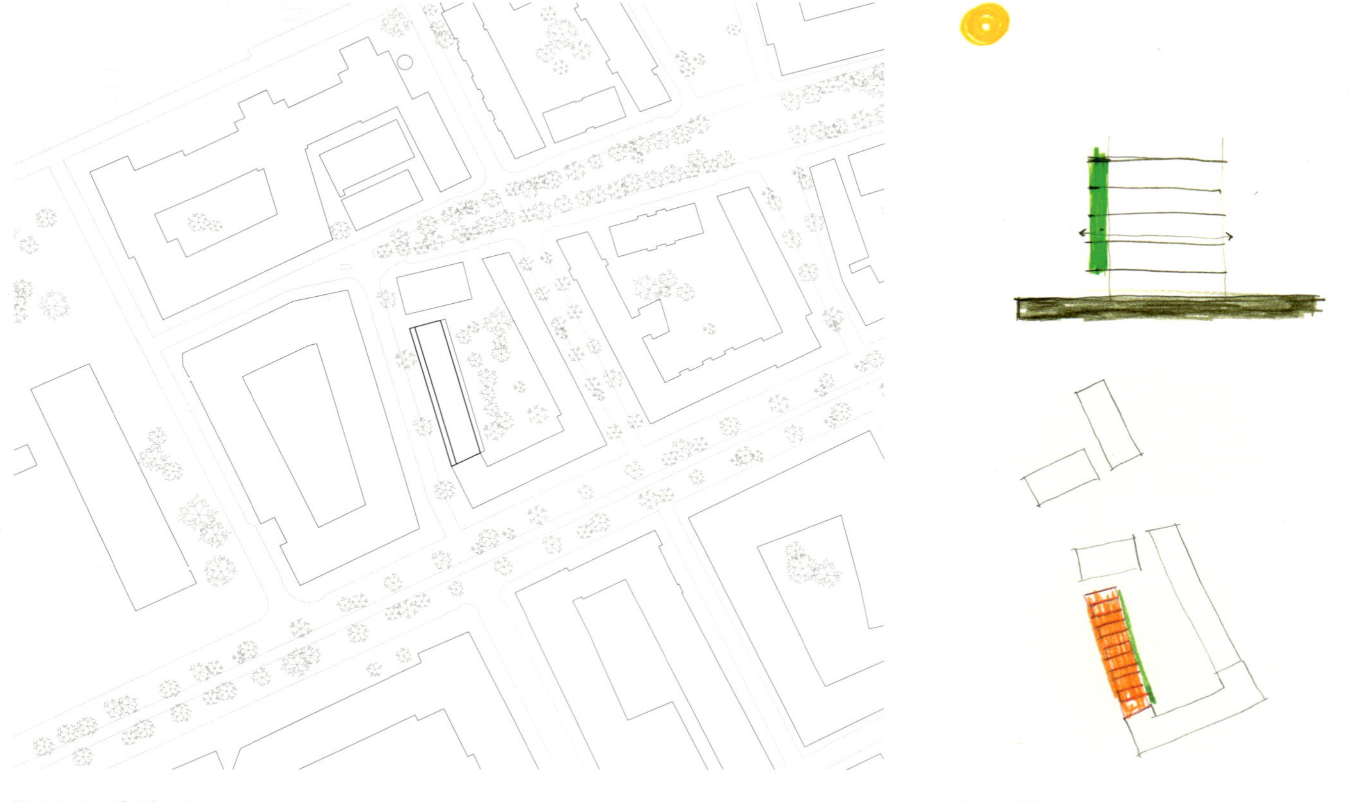

Plano de situación / Site plan

Croquis / Sketches

La industria de la construcción está llena de complejidades, ya que trata con cuestiones de mercado y de presupuestos, así como con constructores, productores y clientes. Para aprender a manejarlo todo, no hay más remedio que ponerse a ello, y esto a menudo se convierte en un dilema para las prácticas más jóvenes. El promotor de Hammarby Gård tuvo la valentía de convocar un concurso por invitación dirigido únicamente a oficinas jóvenes y bastante inexpertas. Si echamos la vista atrás, nos damos cuenta de lo poco que sabíamos entonces sobre toda esa complejidad. Aun así, era una oportunidad para aprenderlo todo sobre la construcción de un edificio grande, sobre presupuestos y sobre todos los factores que inciden sobre los costes: la cimentación, la estructura, el montaje, el agua, el drenaje, la ventilación, los detalles y la prefabricación. Se llevó a cabo una importante investigación que incluyó entrevistas con constructores experimentados acerca de sus preferencias sobre los sistemas, de cómo hacer que el montaje, la logística y el lugar de la construcción fueran eficientes.

El solar, justo al sur de la isla de Södermalm, en Estocolmo, era un área portuaria industrial convertida en residencial. La volumetría del edificio ya estaba predeterminada por las autoridades municipales. La intención fue potenciar la calidad de vida de los habitantes. Los apartamentos, con vistas a ambos lados, permiten la entrada de la luz del sol en todo momento. Sólo se utilizaron dos tipos de ventanas: hacia la calle, un ritmo riguroso de ventanas abatibles horizontales que se abren en su parte superior para crear balcones franceses; y hacia el patio, un balcón corrido acristalado que prolonga el salón durante casi la mitad del año.

Bloque de Viviendas Hammarby Gård — Estocolmo, Suecia 2012 2015

The building industry is highly complex, involved with markets, budgets, builders, producers and clients. The only way to learn how to handle all these things is to do the job. This often becomes the dilemma for younger practices. The developer for Hammarby Gård had the courage to organise a competition inviting only younger and rather unexperienced practices. Looking back, we realize how little we knew about this complexity. Even so, it was an opportunity to learn everything there was to learn about how to construct a larger building; to learn about budgets and all the parts that drive costs: foundations, frames, assemblies, water, drainage, ventilation, detailing and, above all, prefabrication. A great deal of research was carried out by interviewing experienced builders on how they prefer systems and how to make assembly, logistics and the building sites efficient.

The site, just south of Södermalm in Stockholm, was an industrial harbour area turned into a residential one. The volumetric contour of the building was already determined by the city. The intention was to maximize the quality of life for the residents. Two-sided apartments allow sunlight from morning to evening. Only two window types were used. Towards the street, a strict rhythm of horizontal casement windows that open on top to create French balconies; towards the courtyard a continuous glazed balcony that extends the living room for almost half of the year.

Hammarby Gård Housing Block — Stockholm, Sweden 2012 2015

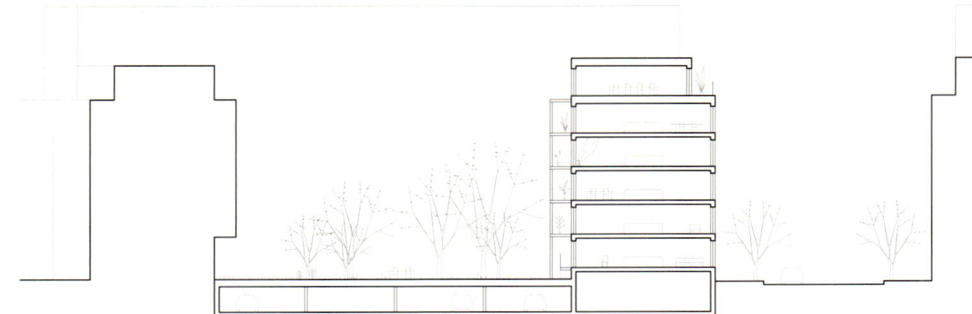

Sección transversal / Cross section

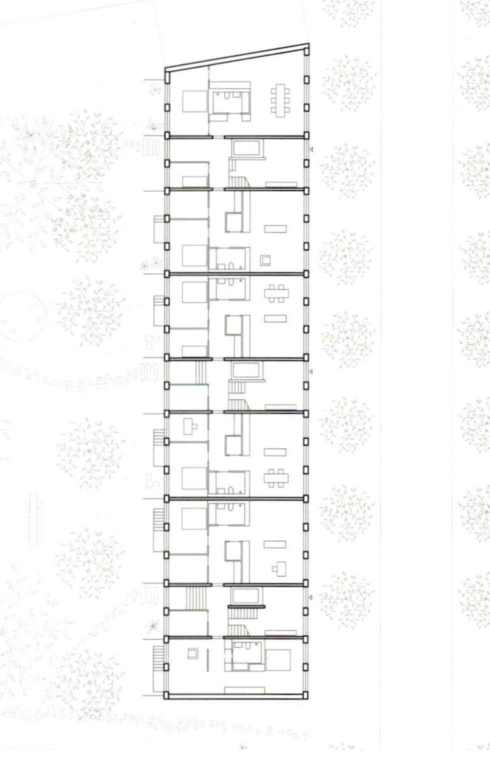

Planta tipo / Typical floor plan

Planta baja / Ground floor plan

Croquis / Sketches

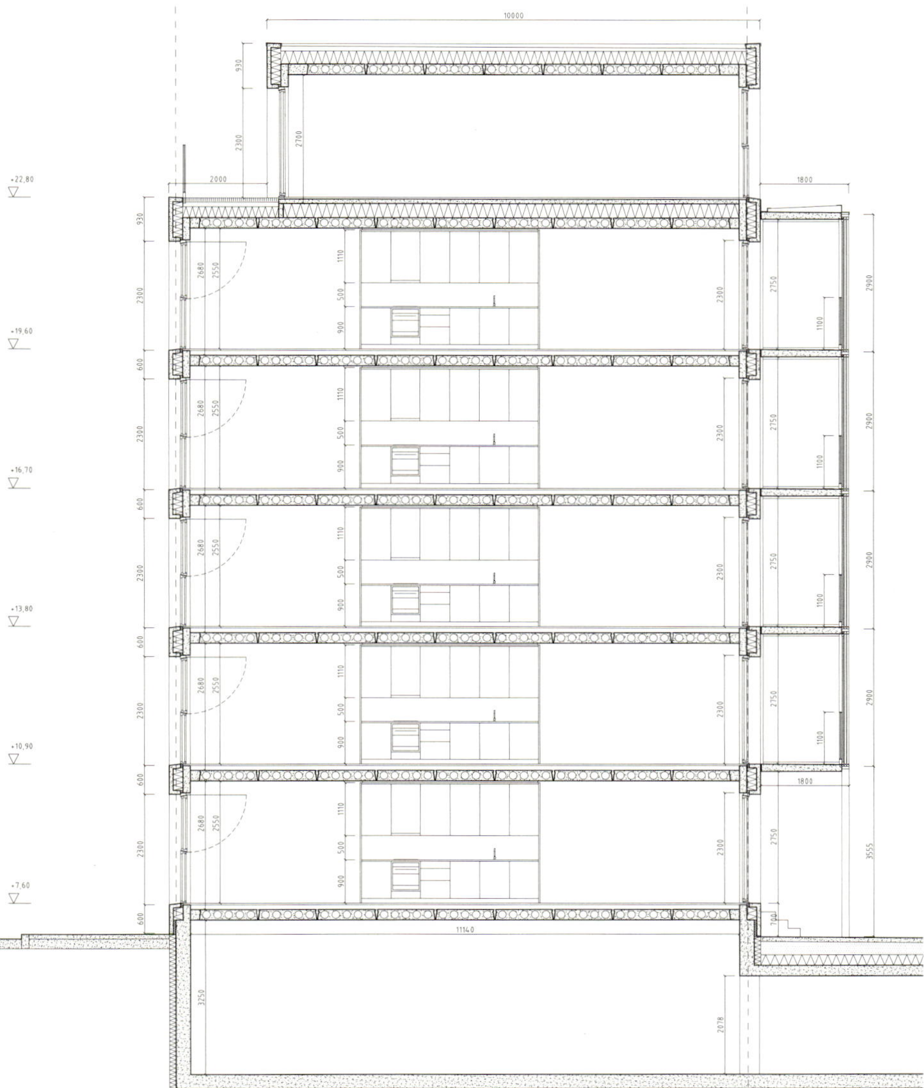

Sección transversal acotada / Dimensioned cross section

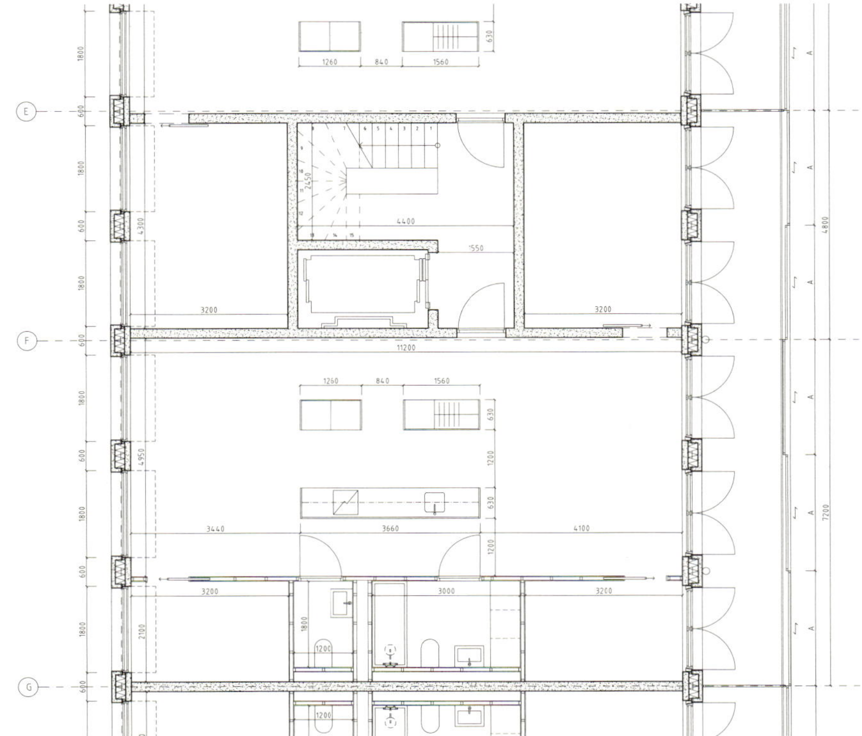

Planta acotada / Dimensioned floor plan

Galería en fachada a patio jardín / Gallery overlooking courtyard garden

La estructura —un esqueleto de hormigón prefabricado capaz de ser ensamblado eficientemente sin un complejo grado de precisión— se desarrolló para lograr adquirir estas cualidades adicionales dentro de las limitaciones generales a las que se enfrentaba el proyecto. Las juntas se realizaron dotándolas de algún margen extra, y la superficie de los elementos se acabó en fábrica, donde los operarios completaban una planta in situ, la limpiaban y pasaban a la siguiente. Este modo de hacer cobró importancia en proyectos posteriores a la hora de afrontar las cuestiones acerca de cómo aprender sobre los sistemas y cómo convertir los conocimientos en recursos.

The whole structure was developed to achieve these extra qualities within the given overall constraints: a prefabricated concrete skeleton that could handle efficient assembly without complex precision. The joints were made with some extra margin, and the surface of the elements was finished in the factory, which basically was a meadow with a roof in Lithuania. The builders on site completed one floor, cleaned it, and moved on to the next. This way of proceeding became important in subsequent projects when facing issues of how to learn about systems and how to turn knowledge into assets.

Vistas interiores del apartamento tipo / Typical apartment. Interior views

Plano de situación / Site plan

Croquis / Sketches

Desde su más tierna infancia, el cliente solía jugar en este paisaje, escalando los acantilados y los árboles y a veces soñando con construir algún día su propia cabaña en este lugar. Aunque vivió allí durante muchos años, se necesitaron, tras el inicio del proceso de diseño, otros dos años más para encontrar la ubicación adecuada de la casa. Con el fin de determinar esta posición óptima, se utilizó una cuerda para dibujar la posible huella de la construcción sobre el suelo.
Viggsö es una pequeña isla situada en el archipiélago de Estocolmo. Debido a su aislamiento, un aspecto clave en el diseño de la casa fue el de la sofisticación de las cuestiones logísticas. Todos los materiales y los elementos constructivos, incluidas las ventanas, se dimensionaron de modo que el cliente pudiera transportarlos él mismo —ocasionalmente, con algo de ayuda— desde la orilla, situada a unos cincuenta metros ladera abajo con respecto al solar. El armazón de madera laminada —que tardó unos tres días en levantarse y sirvió después como andamiaje para el resto de la construcción— se apoya sobre unos zócalos mínimos, situando el nivel del suelo en paralelo con las copas de los árboles.

Casa en Viggsö

VARMDO, ARCHIPIÉLAGO DE ESTOCOLMO, SUECIA 2013 2016

The client had played in this landscape from early childhood, climbing the cliffs and the trees, occasionally dreaming of one day building their own cabin there. Even though they had lived on the site for many years, it took about two more to find the precise location after starting the design process. A rope was used to sketch possible footprints on the ground to determine the best possible position.

Viggsö is a small island in the Stockholm archipelago. Due to its remoteness, sophisticated logistical thinking was a key aspect in the design of the house. All building materials and components, including windows, were dimensioned so that the client could carry them up himself about 50 metres from the shore to the site, occasionally with some help. The resulting laminated timber frame took about three days to erect, doubling as scaffolding for the remainder of the construction. Resting on minimal plinths, it positions the floor on a level with the treetops.

House in Viggsö

VARMDO, STOCKHOLM ARCHIPELAGO, SWEDEN 2013 2016

Acceso a la casa / Approach to the house

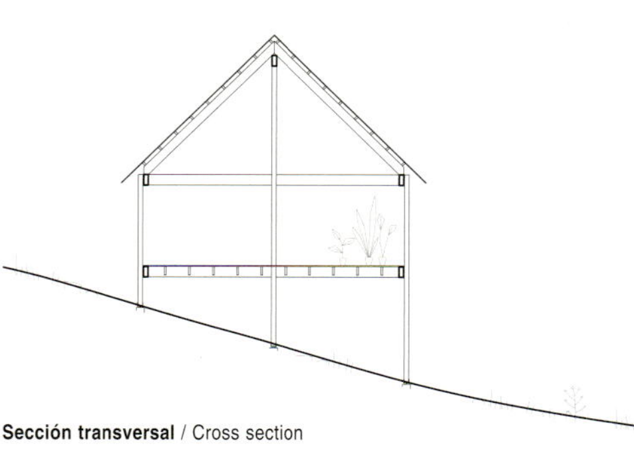

Sección transversal / Cross section

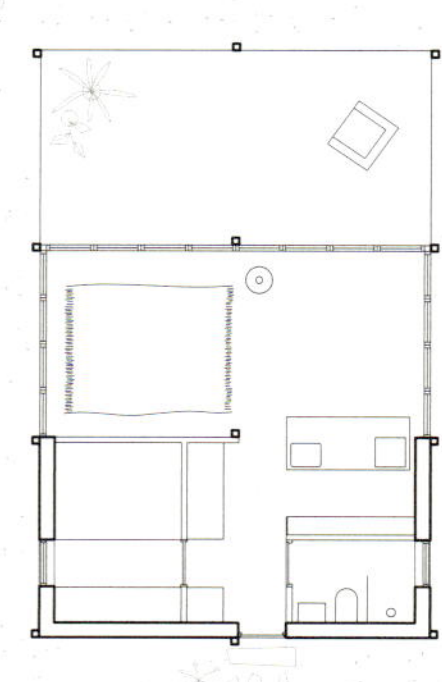

Planta / Floor plan

Corredor de entrada y espacio de cocina, comedor y sala de estar / Entrance corridor and open kitchen facing dining and living room

→ **Dormitorio principal en altillo** / Upper floor master bedroom

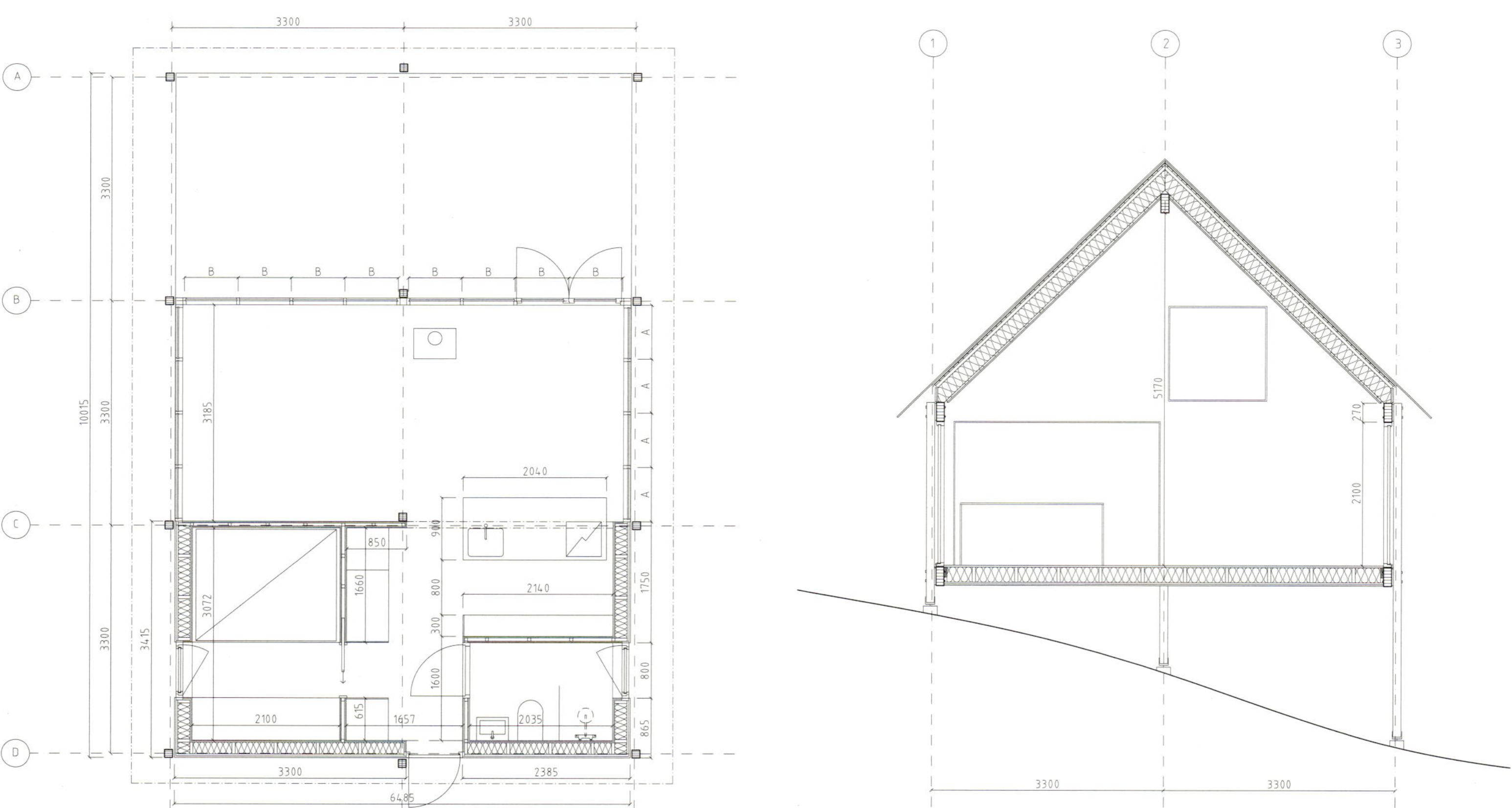

Planta acotada / Dimensioned floor plan

Sección transversal acotada / Dimensioned cross section

La planta tripartita empieza con unas dependencias cerradas —que incluyen un altillo para los invitados y los niños—, continúa con una sala de estar acristalada y culmina en una generosa terraza al aire libre, cuyos sencillos elementos de madera —desde los tablones del suelo hasta las vigas— enmarcan e incluso realzan el magnífico entorno de rocas, pinos azotados por el viento, brezos y suelo de líquenes y bayas silvestres.

The tripartite plan proceeds from closed living quarters, including a loft for guests and children, to a glazed living room, ending in a generous open terrace. Here the simple wooden elements, from planks to beams, frame and even highlight the magnificent surroundings of rocks, windswept pine trees, heather, and a floor of lichen and wild berries.

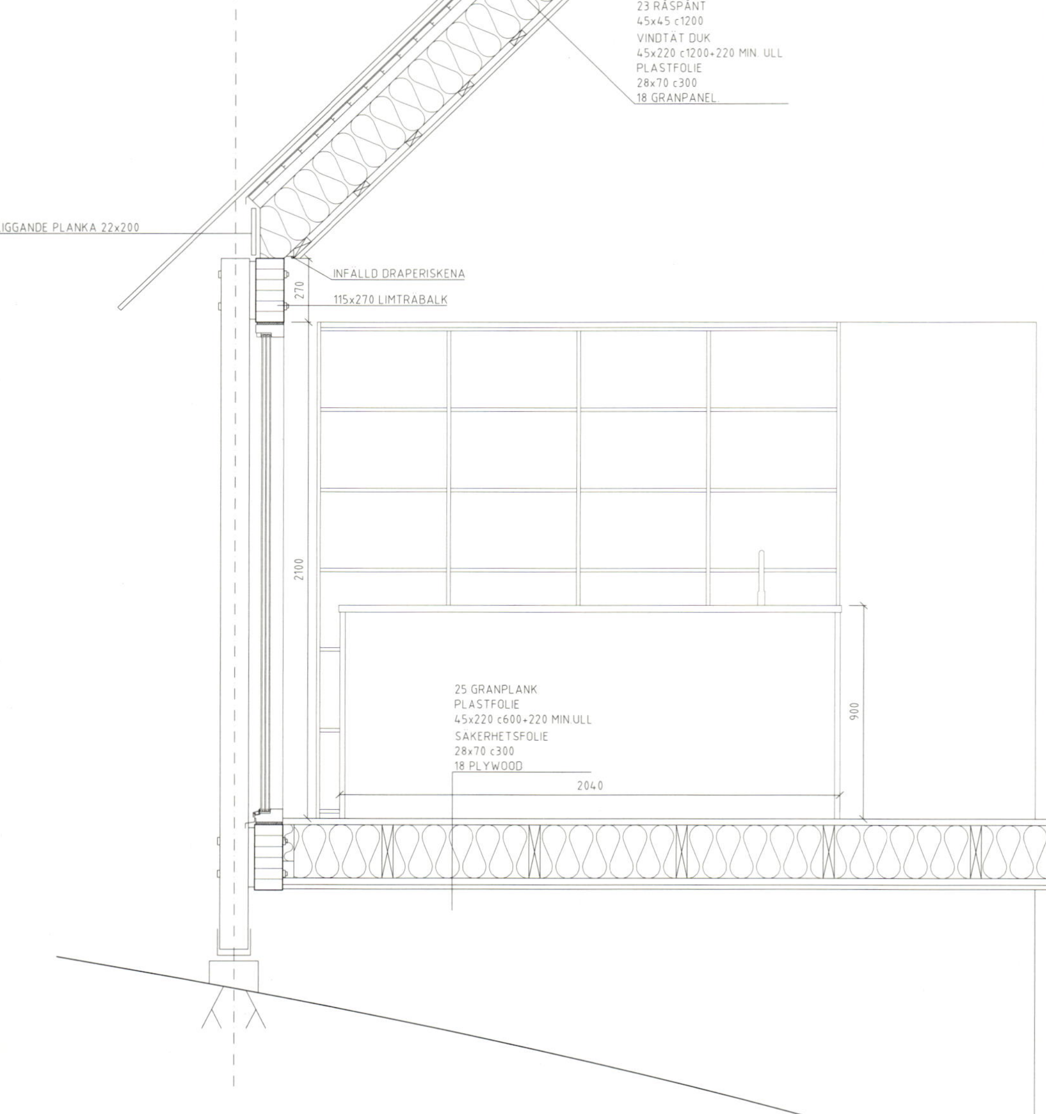

Sección constructiva de fachada / Construction wall section

Planta de situación / Site plan

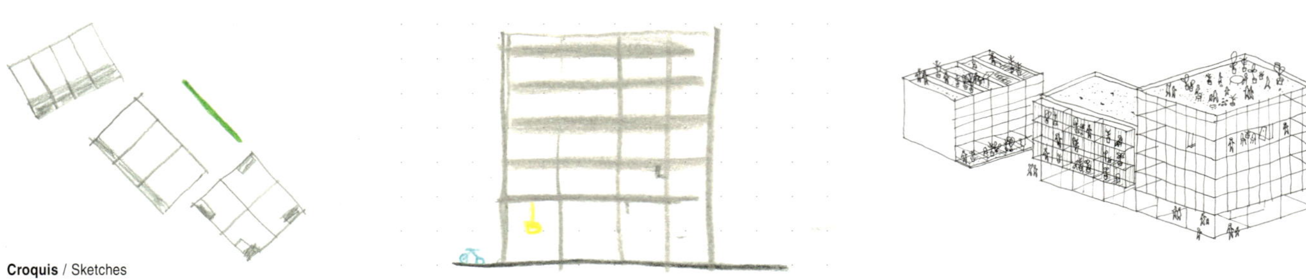

Croquis / Sketches

La historia de estos edificios podría compararse a la de un gato con siete vidas. En 2013 hubo un concurso por invitación para la construcción de dos bloques de viviendas en Norra Djurgårdsstaden, una antigua zona industrial transformada en una ampliación de los barrios residenciales centrales de la ciudad de Estocolmo.

Nuestra propuesta dividía los dos volúmenes en tres y procuraba que todos los apartamentos miraran a múltiples lados, permitiendo una entrada generosa de la luz natural así como las vistas de este denso contexto. Los edificios se propusieron como estructuras ligeras de pilares y vigas de madera. En aquel momento, la madera todavía estaba relativamente inexplorada en los proyectos de viviendas. Los jefes del proyecto no estaban acostumbrados a este material y se mostraron un poco escépticos, así que un año después de la primera fase, se decidió cambiar todo a hormigón prefabricado. Con esta nueva estructura, que acogía 36 unidades, se inició la construcción.

En 2018, justo cuando el proyecto debía salir a la venta, se produjo una recesión económica y la combinación ecléctica de tamaños de apartamentos de la propuesta fue considerada como algo obsoleto. La estructura ya estaba construida, pero su carácter flexible y en cierto modo independiente permitió una transformación de las plantas, pasando de 36 unidades a 68. En 2019, una gran cantidad de material de aislamiento que se encontraba almacenado en el tejado se incendió, y dos de las viviendas se contaminaron con los restos del incendio. Sin embargo, el hormigón resistió bien el fuego y durante unos seis meses la estructura se fue descontaminando.

Bloques de Viviendas Unité

ESTOCOLMO, SUECIA 2013 2021

These buildings could be compared to a cat with nine lives. In 2013 there was by-invitation competition for two housing volumes in Norra Djurgårdsstaden, a former industrial area transformed into an extension of the central residential parts of Stockholm.

The proposal divided the two volumes into three, making all apartments face multiple sides, achieving generous natural light and views in a dense context. The buildings were proposed as light pillar-and-beam structures in timber. At this time, wood was still relatively unexplored in housing. Project managers were unused to the material and a little sceptical — just one year after the first phase it was decided to change everything to prefabricated concrete. With this new structure, comprising 36 units, building commenced.

Just as the project was to go on sale in 2018, an economic recession hit, and the proposal's eclectic mix of apartment sizes was deemed out of date. The frame was already constructed, but the flexible and somewhat independent structure allowed a change of floor plans from 36 units to 68. In 2019, a huge amount of insulation stored on the roof caught fire and two of the houses were contaminated with the molten remains. However, the concrete withstood the fire well and for about six months the structure was decontaminated.

Unité Housing Blocks

STOCKHOLM, SWEDEN 2013 2021

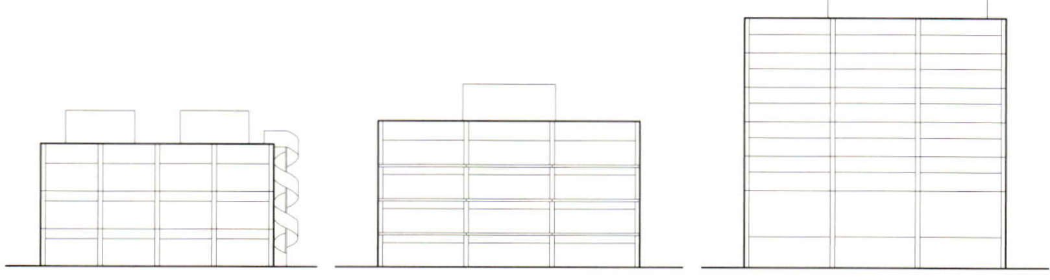

Sección longitudinal / Longitudinal section

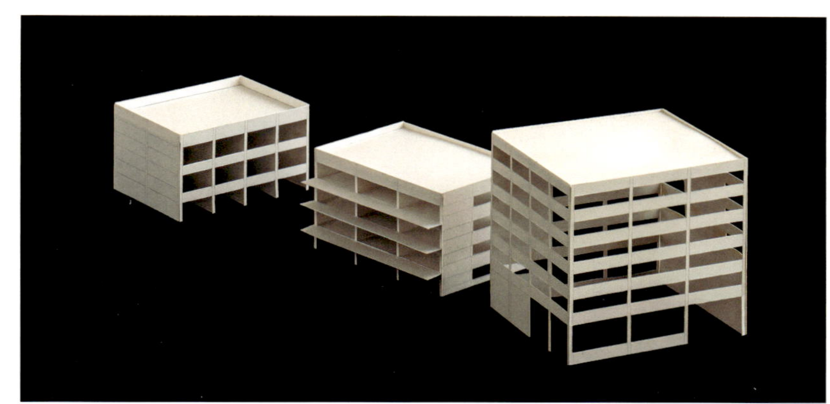

Maqueta de estudio / Study model

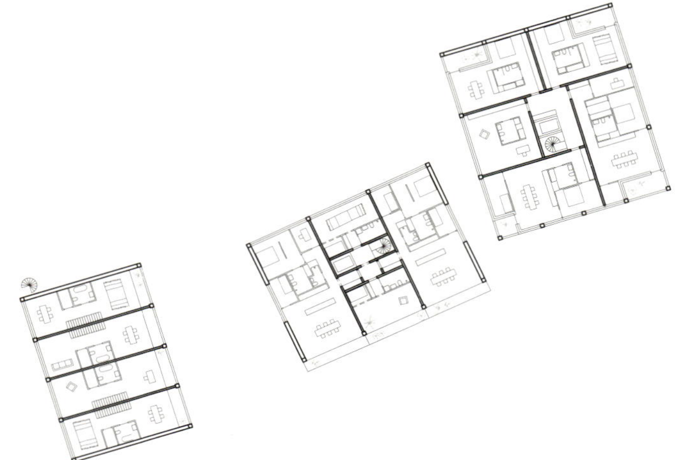

Planta tipo / Typical floor plan

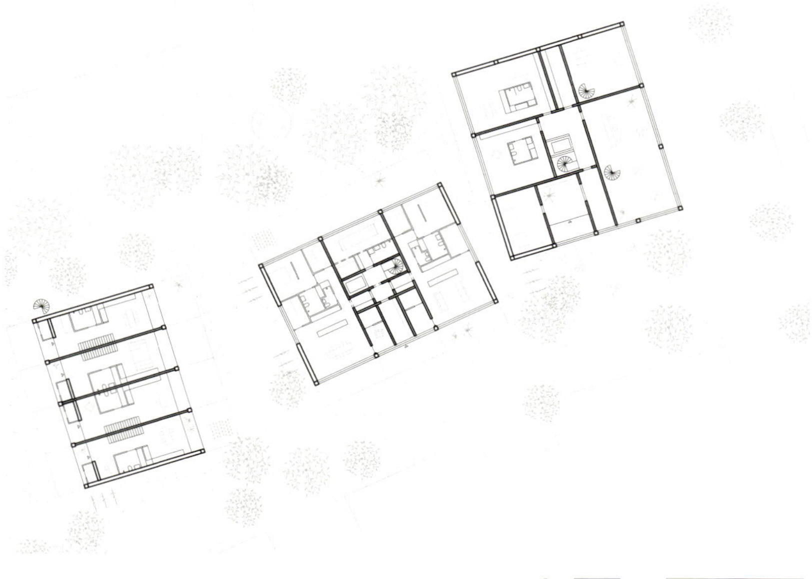

Planta baja / Ground floor plan

Edificio A. Fachada Sur / Building A. South façade

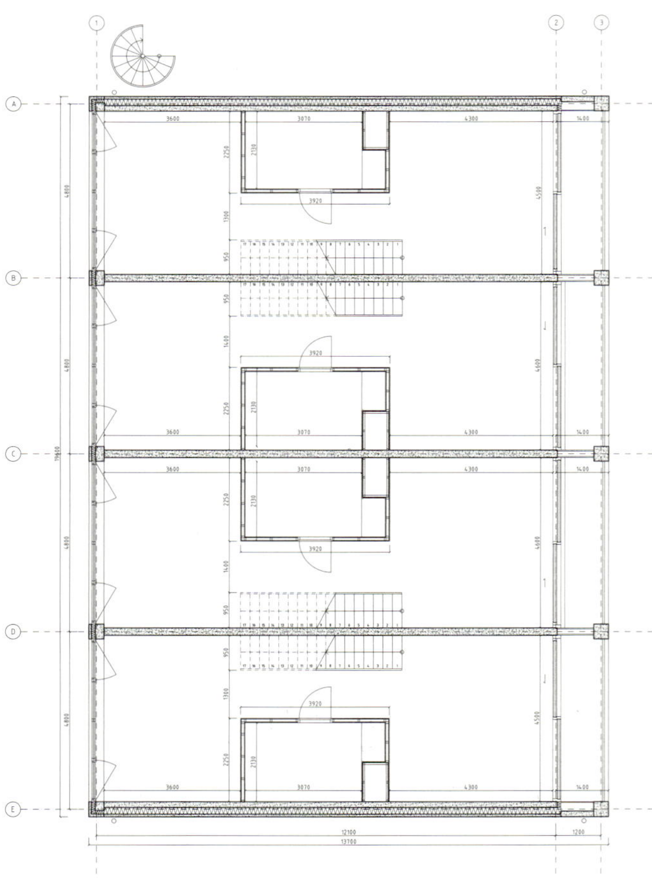

Edificio A. Planta acotada / Building A. Dimensioned floor plan

Durante todo un año, la estructura vacía —sin ventanas ni tabiques interiores— se elevó como una ruina económica sobre este nuevo barrio, hasta que el mercado se estabilizó en 2020 y el número de unidades se fijó en 46.

For a whole year, the empty structure —without windows and interior partitions— towered like a ruin over this new neighbourhood, until the market stabilized in 2020 and the number of units eventually became 46.

Sala de estar / Living room

↓ **Planta baja** / Ground floor plan ↑ **Planta primera** / First floor plan

Hoy en día, los edificios se encuentran bien anclados en el lugar. Endurecidos tras las pruebas por las que han tenido que pasar, ya son capaces de soportar cualquier cosa. Son acogedores y dinámicos, y su interior está inundado de luz natural. Las cubiertas son habitadas por sus ocupantes como jardines comunitarios. Unos edificios llenos de vida.

Today, the buildings are well established at the site. Toughened by these trials and tribulations, they can withstand anything. They are inviting and lively, the interior flowing with natural light. The roofs will be inhabited as communal gardens for the inhabitants: buildings full of life.

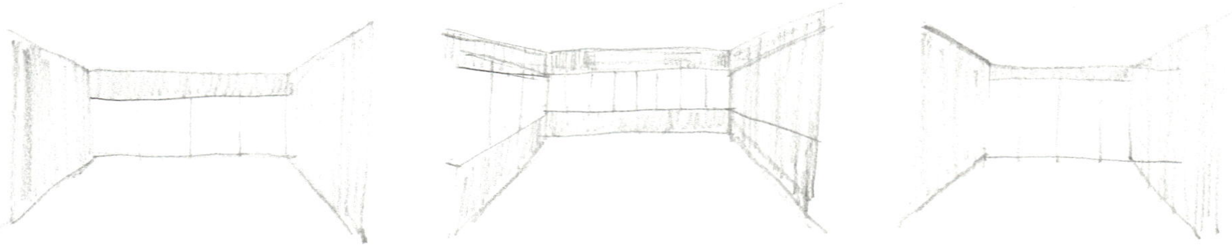

Edificio B. Apartamentos tipo / Building B. Typical apartments

→ **Edificio C** / Building C

Plano de situación / Site plan

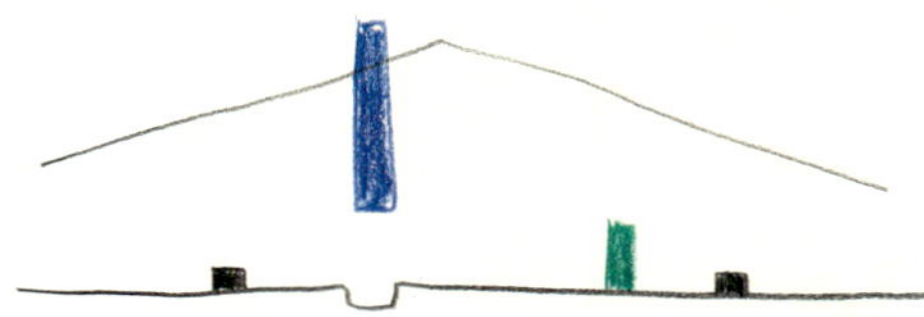

Croquis / Sketches

Lilla Rågholmen es una pequeña isla situada en el archipiélago de Estocolmo que ha pertenecido a la misma familia durante décadas y ha sido siempre considerada como un lugar remoto, ventoso y de poco valor. Al visitar el sitio por primera vez, nos encontramos con una pequeña casa roja, ubicada en el punto más alto de la isla, que se encontraba en muy malas condiciones y que había servido como cabaña de pesca para la familia. Su única habitación alojaba sólo las necesidades básicas: una litera, un fregadero y una estufa. La nueva casa se ubica en la misma situación. Un zócalo de hormigón se apoya directamente sobre las rocas, a modo de versión horizontal del acantilado. La chimenea se hunde en el suelo.

Básicamente, la intención de la casa es proveer de una forma primitiva de alojamiento: una superficie plana y habitable con un fuego que proporciona calor, luz, comodidad y placer, y con una gran cubierta de suave pendiente que se extiende unos dos metros más allá del zócalo, creando así un espacio exterior protegido y continuo alrededor de la casa. Entre el suelo y la cubierta, tres paneles correderos de vidrio en cada uno de los lados de la casa permiten abrir dos tercios de la fachada.

CASA EN LILLA RÅGHOLMEN

VIGGSÖ, ARCHIPIÉLAGO DE ESTOCOLMO, SUECIA 2015 2019

Lilla Rågholmen is a small island in the Stockholm archipelago that has been in the same family for decades, but always deemed remote, windy and of little value. When visiting the site for the first time, we found a small red house in natural surroundings on the highest point of the island. In very poor condition, the house had served as a fishing cabin and its one room contained only the bare necessities: a bunk, a sink and a stove.

The new house is placed in the same position. A concrete plinth is cast directly on the rocks, like a horizontal version of the cliff. A fireplace is sunk into the floor. This is basically the intention of the house: a primitive way of living; a flat, liveable surface with a fire that gives you heat, light, comfort and pleasure. A large, gently sloping roof extends two metres or so beyond the plinth, providing a continuous sheltered outdoor space all around the house. Between the floor and roof, three sliding glass panels on every side make it possible to open the façade by two-thirds.

House in Lilla Rågholmen

VIGGSÖ, STOCKHOLM ARCHIPELAGO, SWEDEN 2015 2019

Maqueta de estudio / Study model

Hay una idea que es una constante en nuestra oficina: ¿hasta dónde podemos llevar el modo de vida en la búsqueda de las necesidades y cualidades vitales? El reto para los habitantes a menudo consiste en sacar partido de todo esto poniendo en tela de juicio sus propias concepciones acerca de la vida. En este caso, la casa cambia periódicamente desde un hogar normal a un campamento de meditación, pero ambos usos son bienvenidos en este espacio abierto con luz natural, una brisa suave y un fuego abierto que se eleva desde el suelo.

This idea is constantly active in our studio. How far can we push the way of living in pursuit of the needs and quality of life? The challenges for inhabitants are often to take advantage of this and to challenge their own conceptions of living. In this case the house periodically changes from a normal home to a meditation camp, but both are welcome by this open space with natural light, a gentle breeze and an open fire rising from the floor.

→ **Fachada lateral** / Side facade

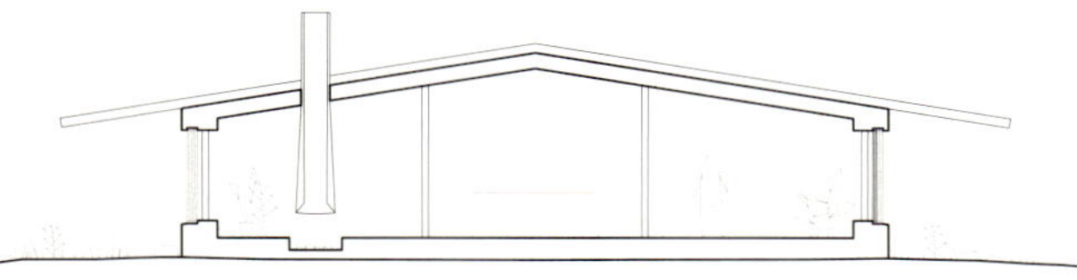

Sección transversal / Cross section

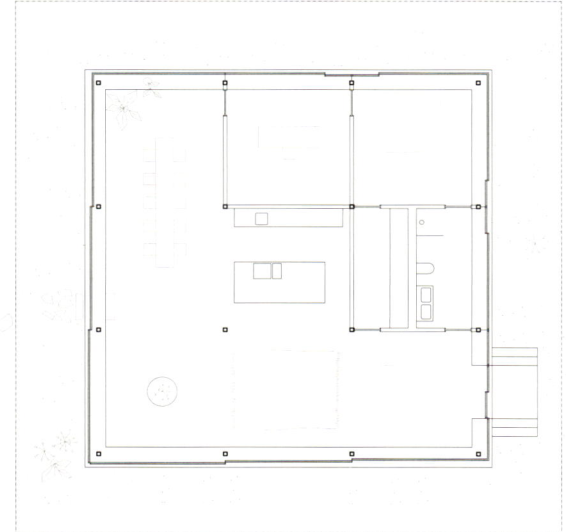

Planta / Floor plan

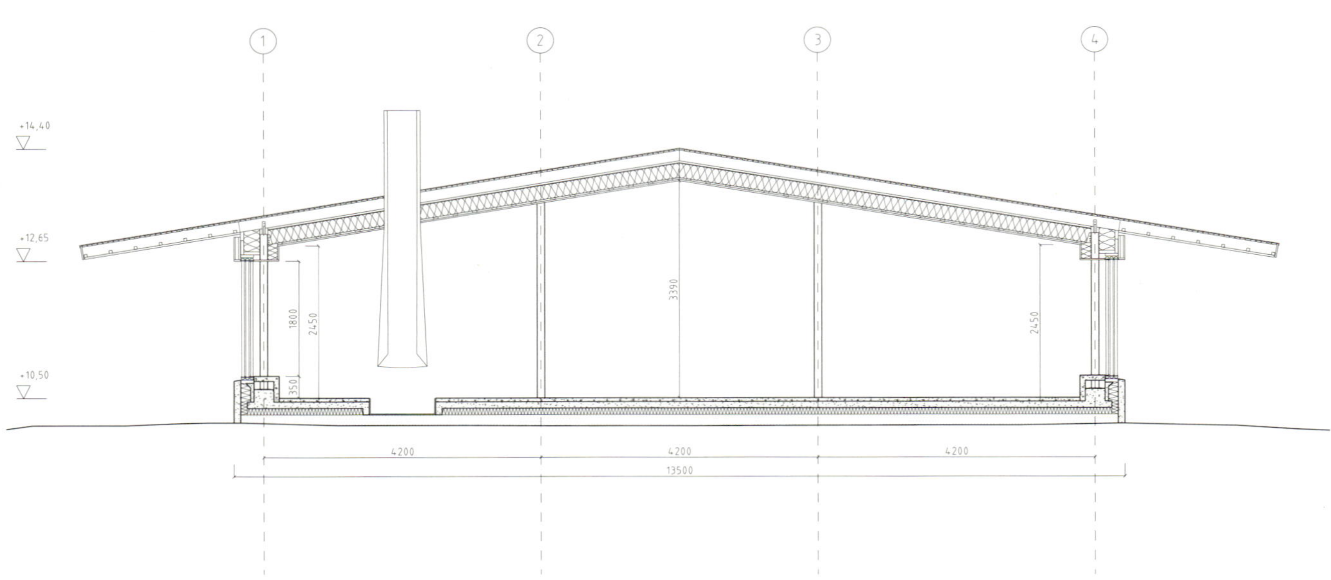

Sección acotada / Dimensioned section

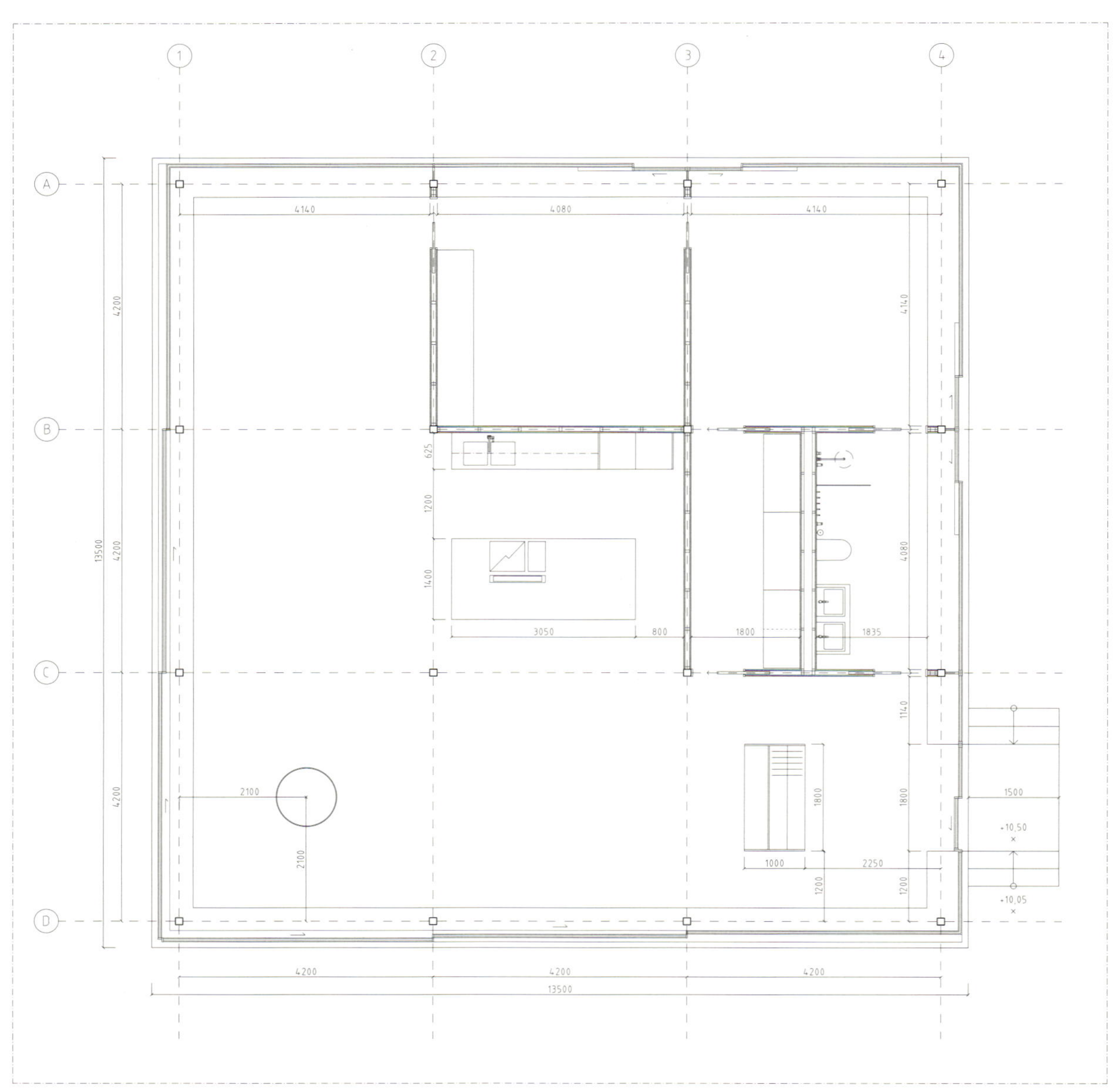

Planta acotada / Dimensioned floor plan

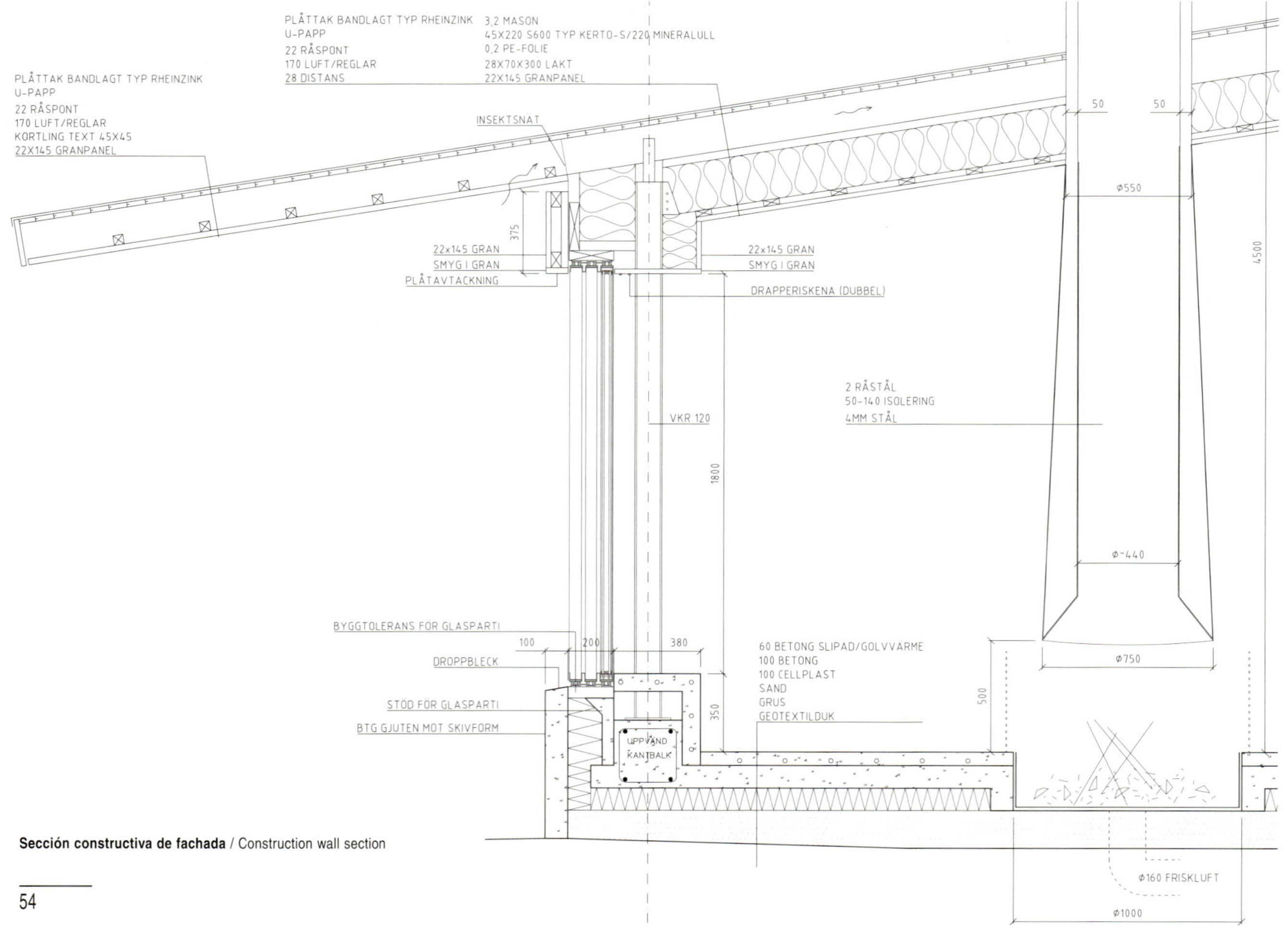

Sección constructiva de fachada / Construction wall section

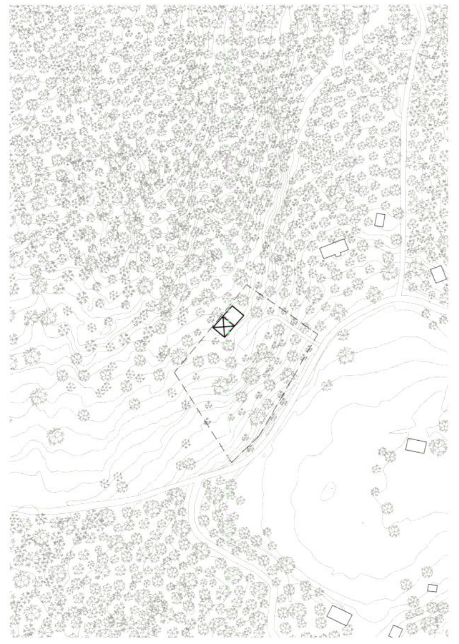

Planta de situación / Site plan

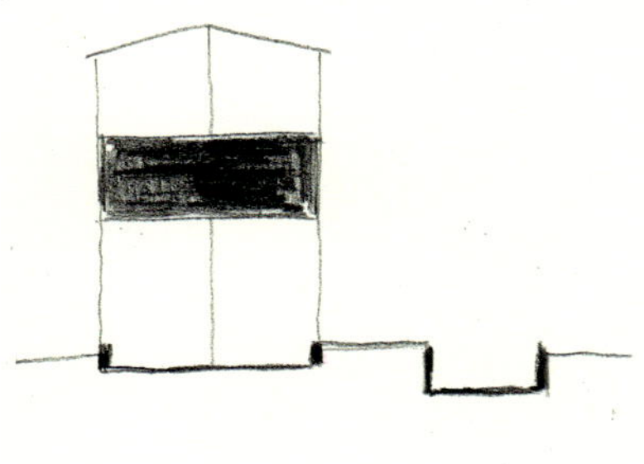

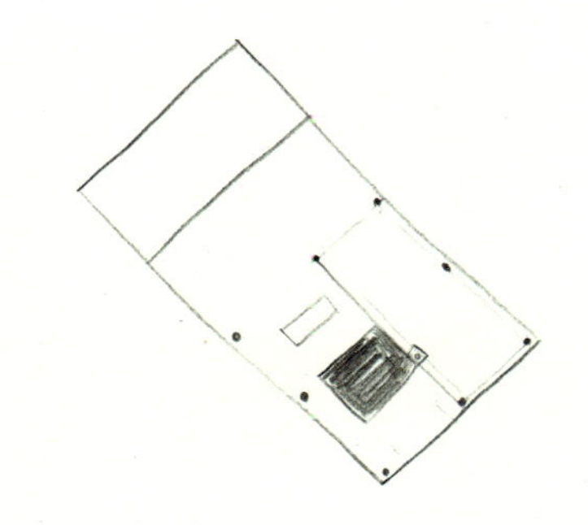

Croquis / Sketches

Resulta crucial preguntarse acerca del cómo y el porqué al elegir uno u otro método de construcción. Quizás se pueda llevar a cabo una solución más sencilla, reduciendo el material y el tiempo de producción, al estudiar los métodos de construcción basados en las ideas iniciales. Este sencillo proceso se relaciona con el hecho de que al principio no se hacen muchas maquetas, esto es algo que de alguna manera se vuelve secundario. La importancia de los sistemas estructurales va más allá de la eficiencia, la economía y la edificabilidad; también determina el nivel de interferencia entre estos campos.

Atelier Lapidus fue concebido como una casa de verano para un escritor y su familia. Las primeras etapas del proceso de diseño comenzaron con unas viñetas que mostraban momentos de la vida dentro de un espacio determinado: una piscina a modo de lago, un suelo como continuación del terreno, un sistema flexible de sombreado y cubiertas exteriores, una planta superior densa, naturaleza, escribir sentado en el suelo, en un banco, en una roca, en un cuarto cerrado.

ATELIER LAPIDUS

SKÄGGA, SUECIA 2016 2017

It is essential to question choices of different construction methods. Can a simpler solution be found, reducing material and production time by researching possible methods based on initial thoughts? This is not very difficult considering that not many models are made in the early process, as this somehow becomes secondary. The importance of structural systems goes beyond efficiency, economy and constructability, it also controls the amount of interference between these fields.

Atelier Lapidus was conceived as a summer home for a writer and his family. The early stages of the design process began with vignettes visualizing moments from life within the space: a pool as a lake; a floor as a continuation of the ground; a flexible system of shading and outdoor roofs; a dense upper floor; nature; writing sitting on the floor, on the bench, on a rock, in a closed room.

ATELIER LAPIDUS

SKÄGGA, SWEDEN 2016 2017

Siempre se tuvo presente la necesidad de contar con una estructura clara y mínima capaz de permitir que la vida se desarrollara en el edificio sin obstrucciones ni ataduras.
Siguiendo la topografía del terreno, se colocó una base de hormigón sobre el lecho rocoso, en la que se fijaron nueve pilares de acero de 6 metros de altura y 70x70mm. La fachada —construida con tableros prefabricados de madera maciza— sirvió para arriostrar la estructura de pilares y atarla al forjado de la planta superior. Las plantas superior e inferior están rodeadas de ventanas, y una delgada cubierta inclinada remata la estructura.

There was a need for a clear, minimal structure to allow the life of the building to be unobstructed and untethered.
Following the topography of the site, a concrete base was cast on the bedrock. Nine steel columns, 6 m high, measuring 70 x 70 mm, were attached to the base. The façade, constructed of prefabricated massive wooden boards, stabilized the structure, together with the upper floor slab. Windows encircle the upper and lower levels and a thin, sloped roof encloses the structure.

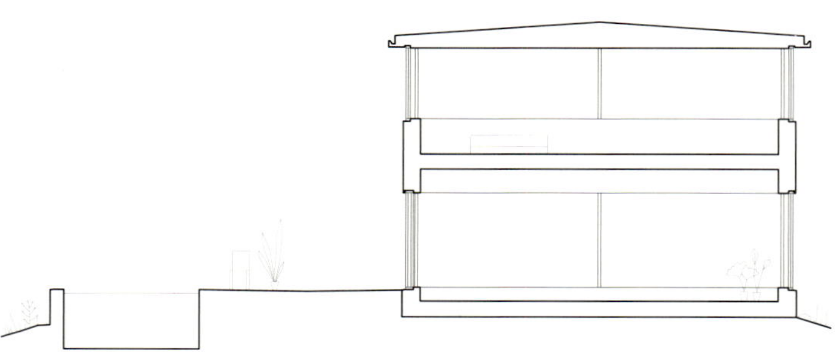

Sección longitudinal / Longitudinal section

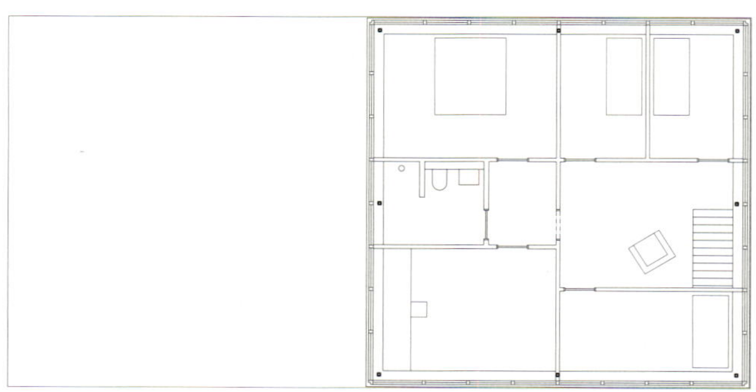

Planta superior / Upper floor plan

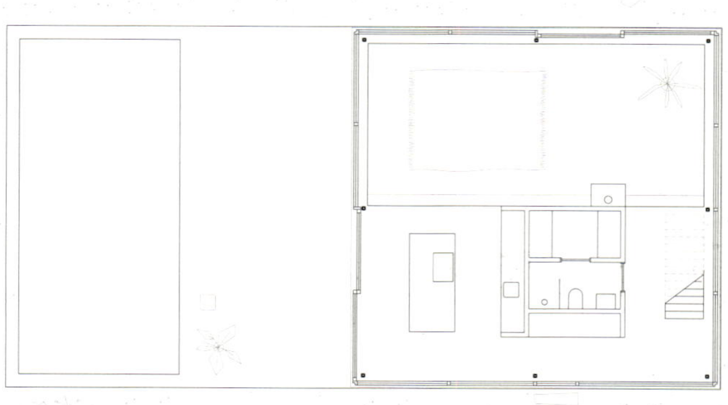

Planta baja / Ground floor plan

→ **Fachada Suroeste** / South-west facade

Acceso principal / Main access

Cocina / Kitchen

→ **Sala de estar** / Living room

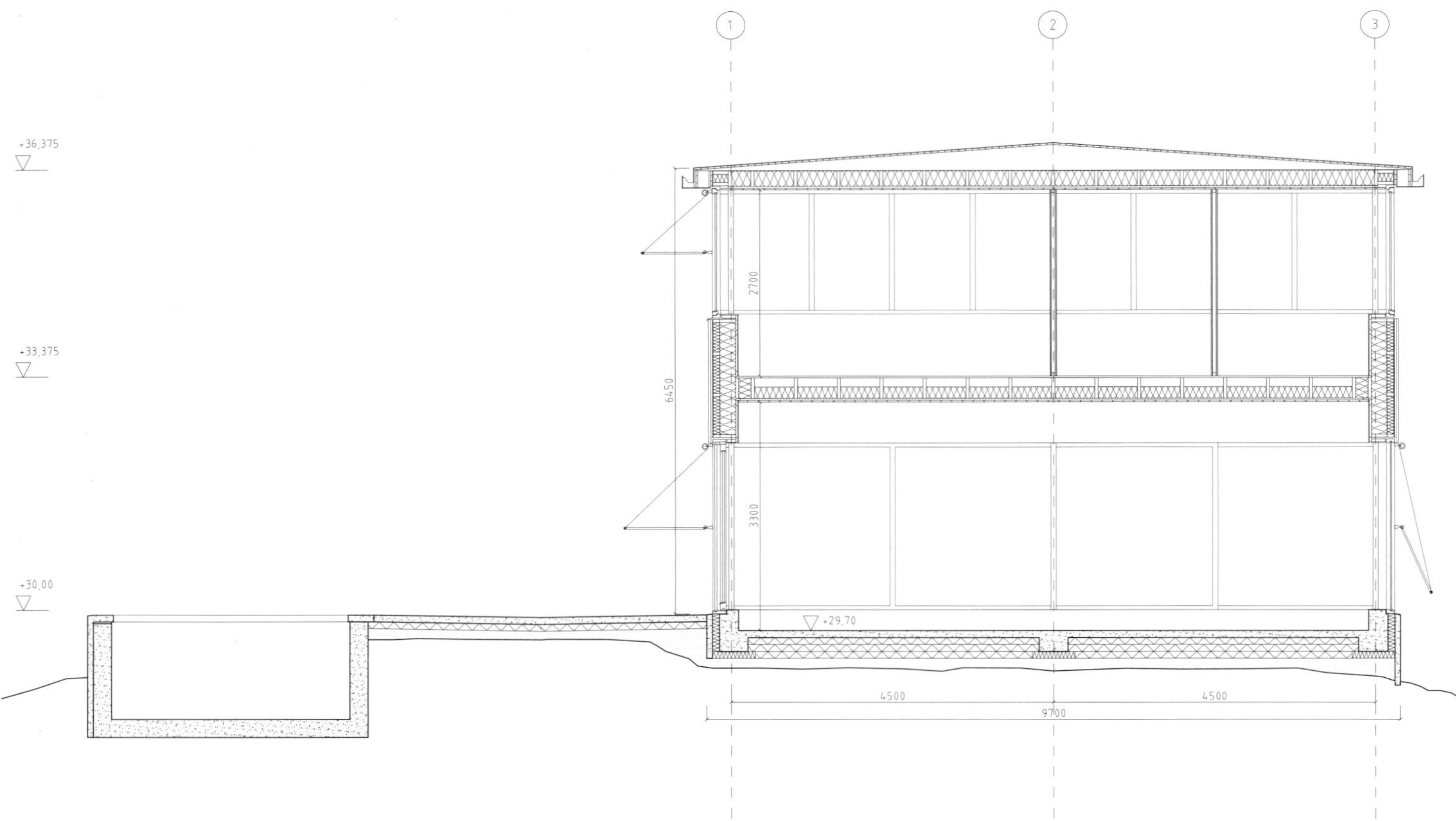

Sección longitudinal acotada / Dimensioned longitudinal section

La planta baja contiene un área de estar sin jerarquía interna. La planta superior alberga los dormitorios y el espacio para la privacidad. La materialidad y los rasgos característicos del espacio también enfatizan esta separación de funciones: la planta baja es amplia y abierta, y en ella se utilizan materiales vistos y en bruto; sin embargo, el piso superior es denso y privado, y se envuelve en madera para producir una sensación de intimidad. Un sistema estructural mínimo permite que la casa sea personalizada por los clientes, aportando una sensación de complejidad y libertad.

The ground floor supports living without internal hierarchy. The upper floor accommodates the bedrooms and space for privacy. The materiality and characteristics also reiterate the separation of functions: the ground floor is vast and open, using raw, uncovered materials, while the upper floor is dense and private, wrapped in wood for a sense of intimacy. A minimal structural system allows the house to become personalized by the clients, with a sense of complexity and freedom.

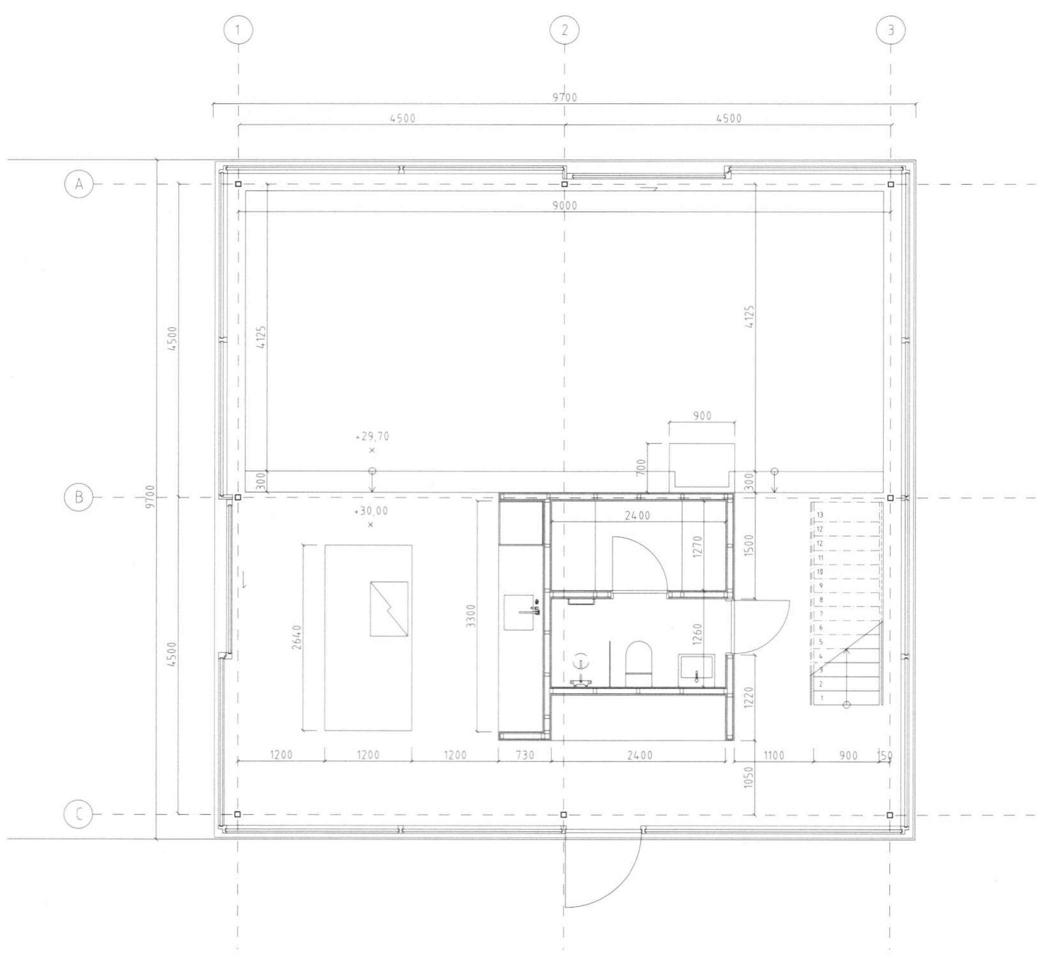

Planta acotada / Dimensioned floor plan

Acceso a la piscina / Pool access

Dormitorio principal / Master bedroom

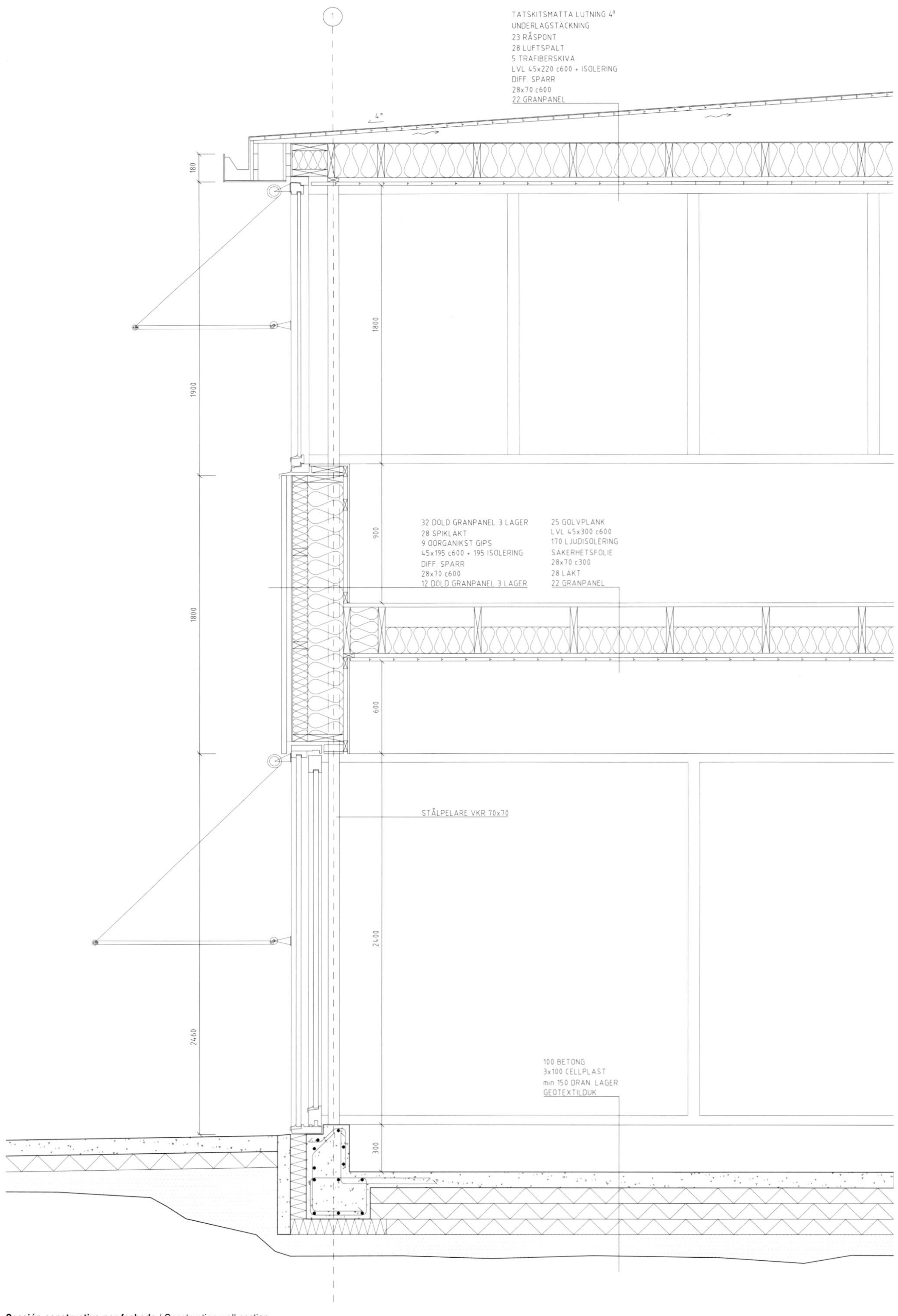

Sección constructiva por fachada / Construction wall section

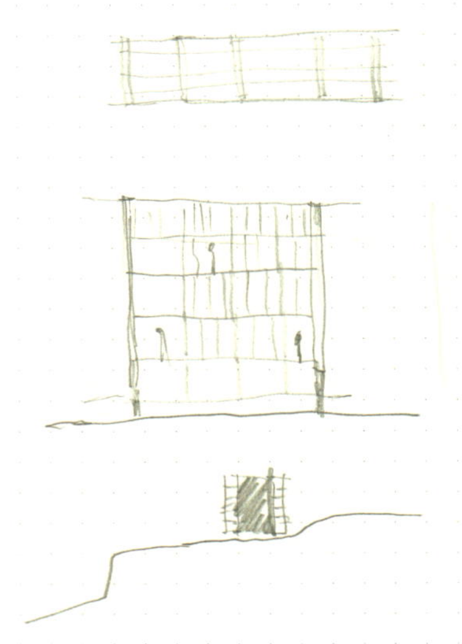

Plano de situación / Site plan

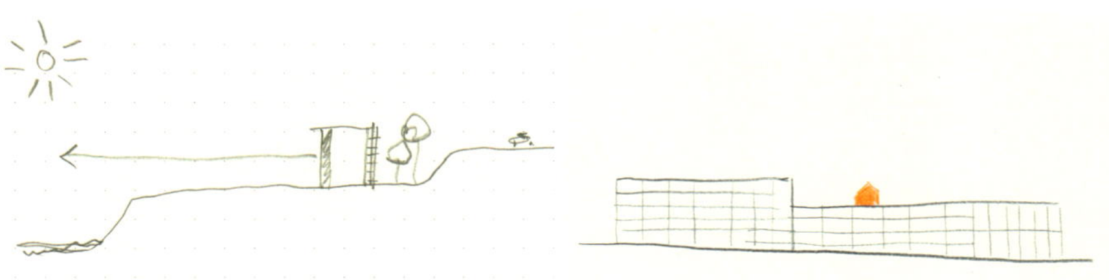

Croquis / Sketches

Este proyecto, situado en el área de Brunstorp, a las afueras de la ciudad de Jönköping, es elocuente de los desafíos a los que se enfrenta la industria sueca de la construcción. En el marco de las restricciones del mercado local, en una zona escasamente poblada, se presentó la oportunidad de diseñar 90 unidades de vivienda. La tarea fundamental era crear viviendas rentables que no excluyeran un alto nivel de vida.

Desde el coche, de camino a la primera de las reuniones de proyecto, se hizo un dibujo simple que resumía la ambición principal de dotar a cada residente de una vista completa del vecino lago Vättern —un vasto cuerpo de agua, casi mágico, que se extiende hacia el oeste— con el sol de la tarde como fondo.

De forma paralela, incluso antes de realizar el dibujo, se entabló una correspondencia con los productores de elementos prefabricados acerca de las formas de producir sistemas efectivos y flexibles, así como de los principales detalles de la construcción. Un análisis del mercado local permitió entender mejor las particularidades del lugar y las necesidades específicas de sus usuarios. Utilizando este conocimiento, el programa fue interpretado como una variedad de tipos —apartamentos tradicionales, casas adosadas y unidades más grandes— todos ellos con generosas zonas al aire libre.

Complejo Residencial en Brunstorp

JÖNKÖPING, SUECIA 2016 2018

The project at Brunstorp, just outside the city of Jönköping, embodied the challenges facing the Swedish building industry. An opportunity presented itself to design 90 housing units in a sparsely populated area under the restrictions of the local market. The fundamental task was to create cost-effective housing that did not preclude a high standard of living.

In the car en route to the first meeting, a simple drawing was made anchoring the main ambition — to give every resident a full view of the adjacent Lake Vättern, a vast, almost magical body of water towards the west — and beyond it, the evening sun.

Immediately, even before drawing, correspondence with prefab manufacturers was established regarding ways of producing effective, flexible systems and the principal construction details. An analysis of the local market provided an understanding of the particular features of the place and the residents' specific needs. Using that knowledge, the program was interpreted as a variety of types: traditional apartments, row houses, and larger units, all of them with generous outdoor areas.

Residential Complex in Brunstorp

JÖNKÖPING, SWEDEN 2016 2018

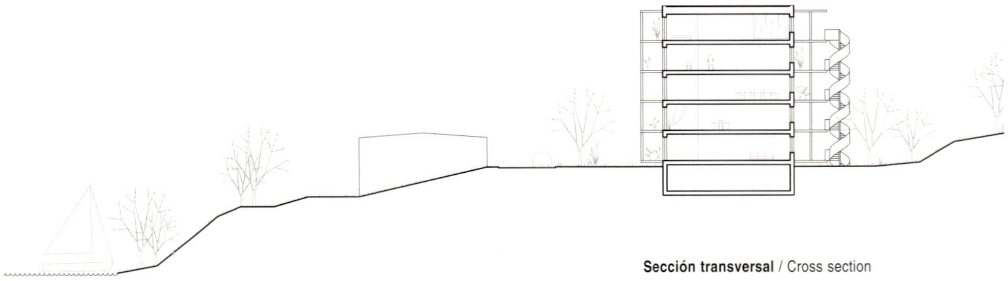

Sección transversal / Cross section

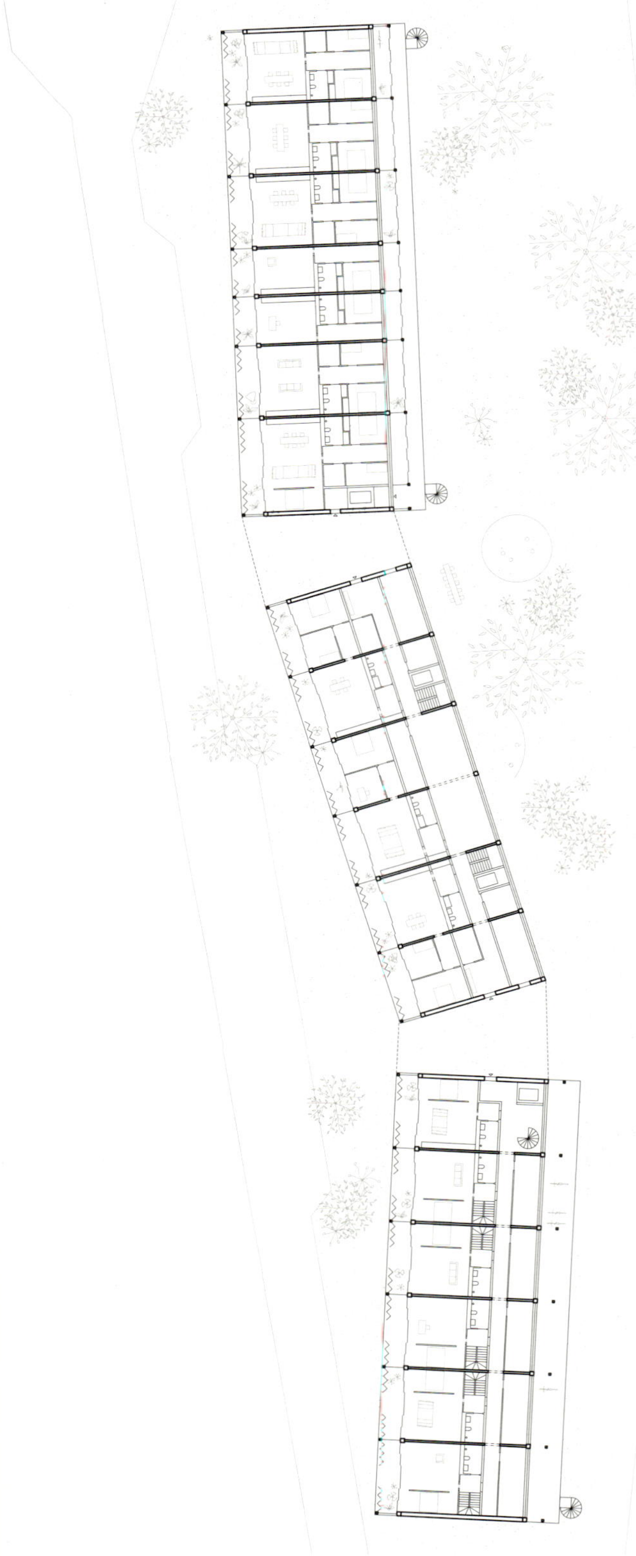

Planta baja / Ground floor plan

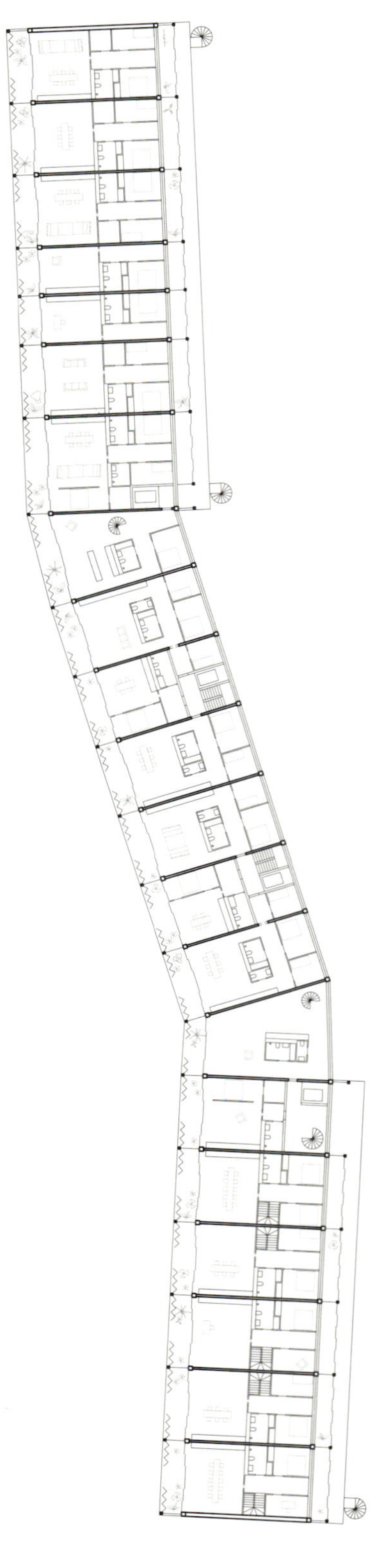

0 5 10

Planta tipo / Typical floor plan

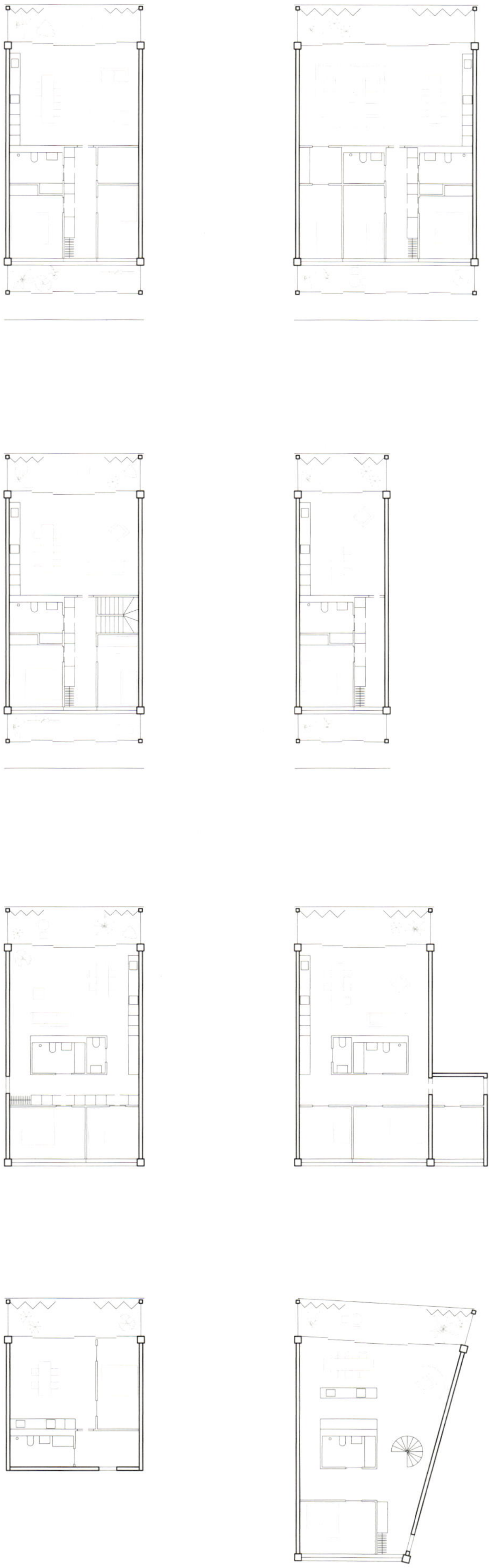

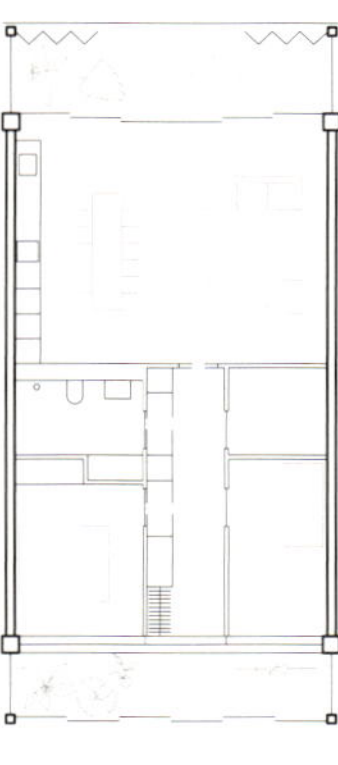
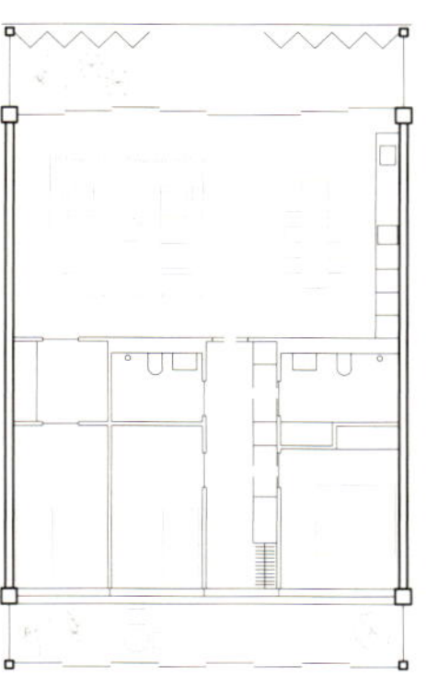
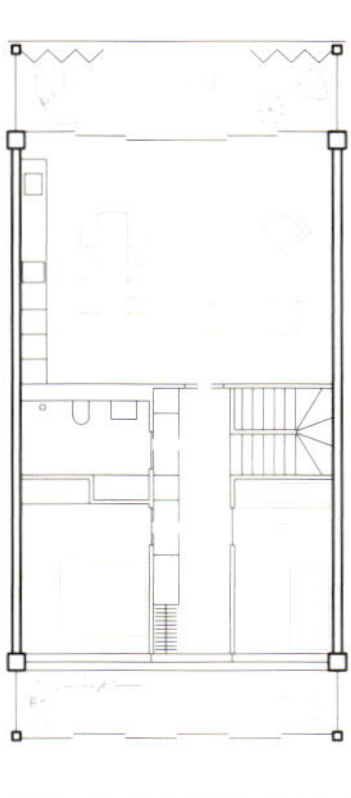
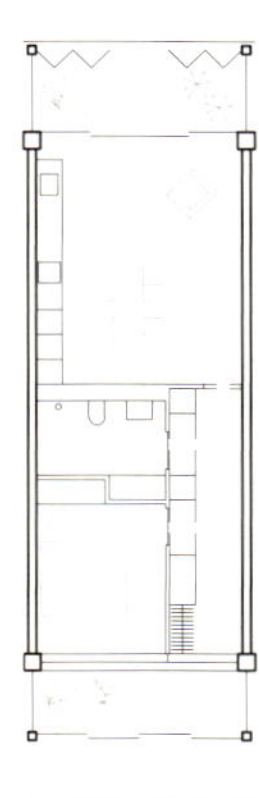
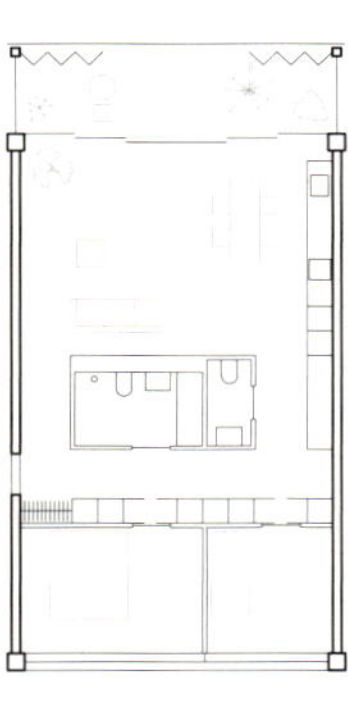
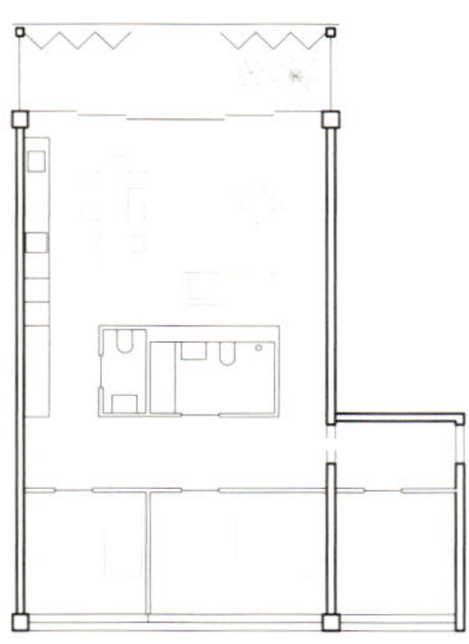
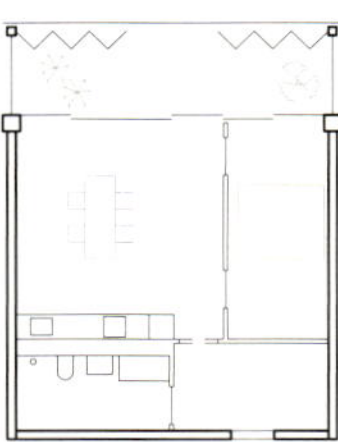
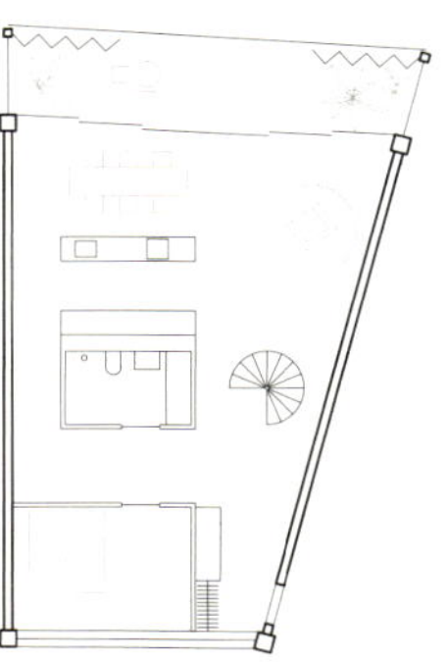

Tipos de apartamentos / Apartment types

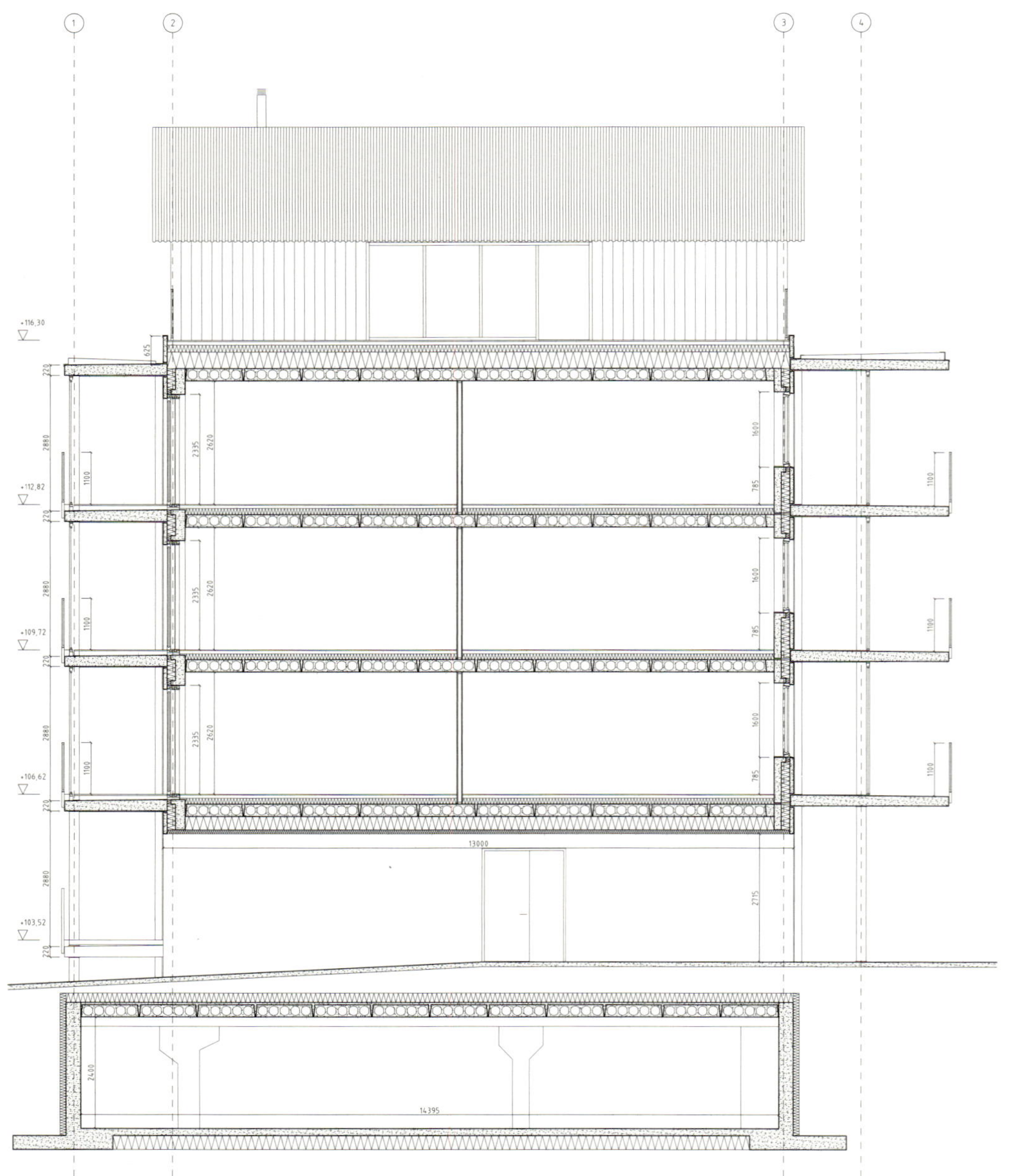

Sección transversal acotada / Dimensioned cross section

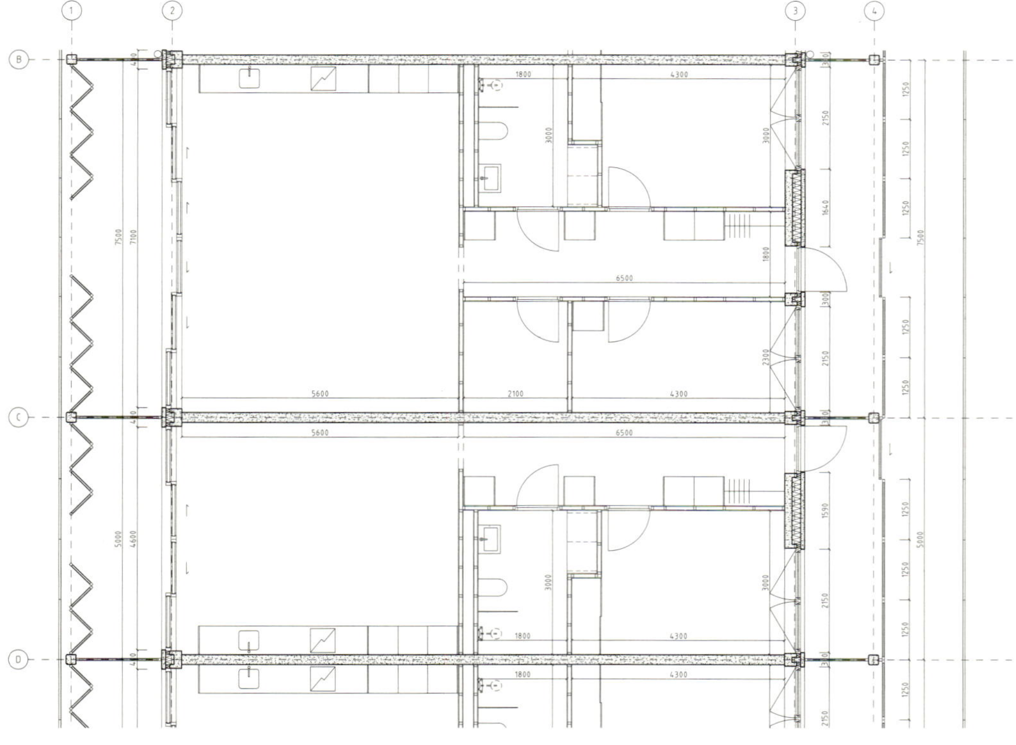

Planta acotada / Dimensioned floor plan

Las dimensiones del solar se ampliaron al máximo, obteniendo como resultado unos volúmenes largos, estrechos y con orientación norte-sur, con una vista panorámica del lago Vättern. Siguiendo la topografía, el conjunto se desdobló en tres secciones. En su mayor parte, las plantas se orientaron de manera natural, con los dormitorios mirando hacia el este y las zonas de estar hacia el oeste. Algunas cualidades cuidadosamente seleccionadas fueron definidas y defendidas a lo largo del proceso: superficies de apartamento más grandes de lo normal o balcones generosos hacia el lago a los que se accede a través de grandes puertas corredizas. Todo lo demás fue considerado como secundario y flexible. Al final, una parte sobrante del presupuesto se utilizó para construir una terraza compartida en la azotea con una pequeña sauna, que de nuevo perseguía el mismo tema: el disfrute de una vista despejada del lago.

The extents of the site were maximized, resulting in long, narrow. north-south oriented volumes with a panoramic view to Lake Vättern. Depending on the topography, the housing was bent into three sections. Most often the plans became naturally oriented, with bedrooms to the east and living rooms to the west. A few carefully selected qualities were defined and upheld throughout the process, such as larger areas per apartment than normal, generous balconies towards the lake, and large sliding doors that open toward them. Everything else was considered secondary and flexible. In the end, a portion of the budget remained, which was used to build a shared roof terrace with a small sauna, again following the theme: an unobstructed view of the lake.

← **Galería de entrada** / Entrance gallery ↑ **Dormitorio orientado a la galería** / Bedroom facing the gallery ↑ **Terraza orientada al lago** / Terrace facing the lake

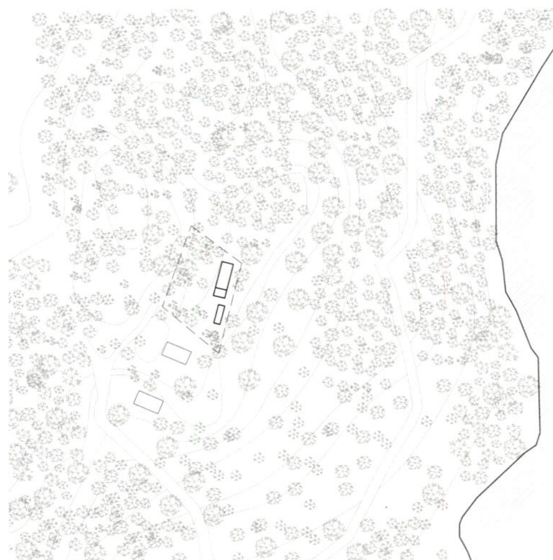

Plano de situación / Site plan

Croquis / Sketches

Aunque se podía oir el sonido del mar cercano, éste no se veía desde ninguna parte del lugar. La única presencia clara era la de un bosque bajo de pinos, un terreno cubierto de musgo sobre el suelo seco, algunas rocas.
Dentro de este contexto surge la casa a modo de paseo hacia el cielo. Se trata de un volumen rectangular simple revestido de madera y perforado por unas aberturas regulares de 3×3 metros que bañan de luz cada una de las habitaciones. El rigor exterior contrasta con un interior complejo que relaciona el suelo con el cielo a través de varios niveles y escaleras.
Tras atravesar por entre los troncos de los árboles y entrar a la casa, uno se encuentra con los espacios más íntimos como el baño y los dormitorios. La planta superior comprende un solo ámbito, con el suelo dispuesto en varios niveles que delimitan las áreas de cocina, comedor y estar y formando una secuencia que culmina en una terraza con vistas al sur, hacia el follaje. Desde aquí, una escalera conduce a una piscina natural situada a un nivel inferior, y otra, a la terraza de la azotea, situada sobre la copa de los árboles, y desde la que se vislumbra una vista panorámica del mar de Åland.

VILLA TOIVONEN

SINGÖ, SUECIA 2016 2019

Although the sea could be heard nearby, it was nowhere to be seen from the site, just a clear presence of the low pine forest, the moss-covered ground on dry soil, and some rocks.

From this context came the idea of the house as a promenade into the sky. It is a simple rectangular volume clad in wood, pierced by regular 3 × 3 m openings that bathe each room in light. The exterior strictness stands in contrast to a complex interior that connects the ground with the sky through various levels and stairs.

The more intimate spaces, such as the bathroom and bedrooms, come after passing between the tree trunks and entering the house. The upper level comprises a single room with a stepped floor that marks the kitchen, dining, and living areas in a sequence culminating in a southern terrace facing the foliage. From here, one stairway leads down to a natural swimming pool and another to the roof terrace above the treetops, providing a panoramic vista over the Åland Sea.

VILLA TOIVONEN

SINGÖ, SWEDEN 2016 2019

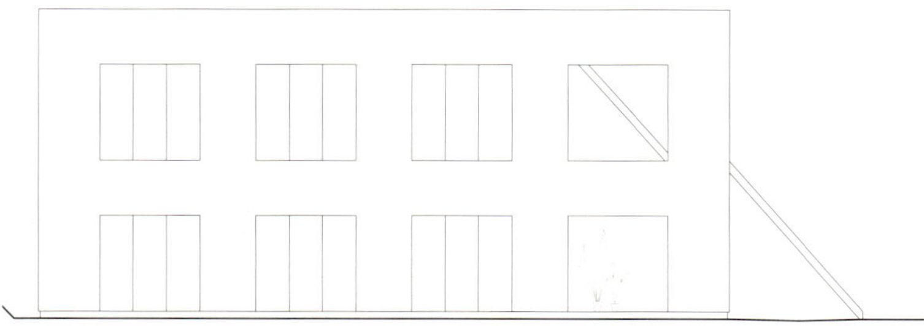

Alzado Oeste / West elevation

Maqueta de estudio / Study model

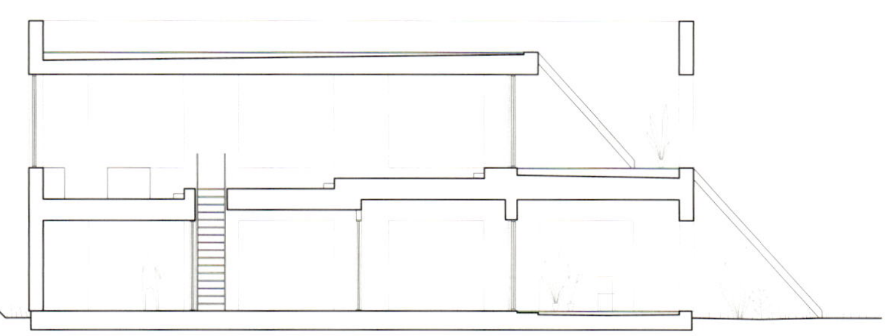

Sección transversal / Cross section

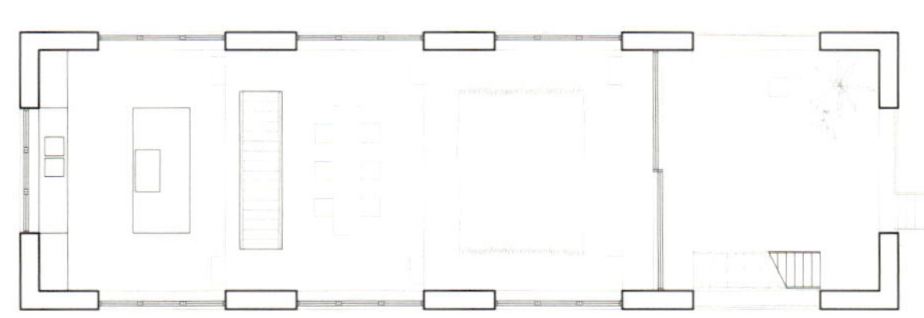

Planta superior / Upper floor plan

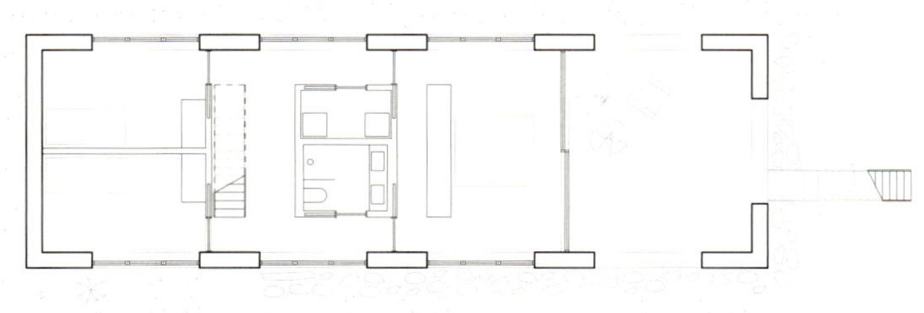

Planta baja / Ground floor plan

Sala de estar, comedor y cocina / Living room, dining room and kitchen

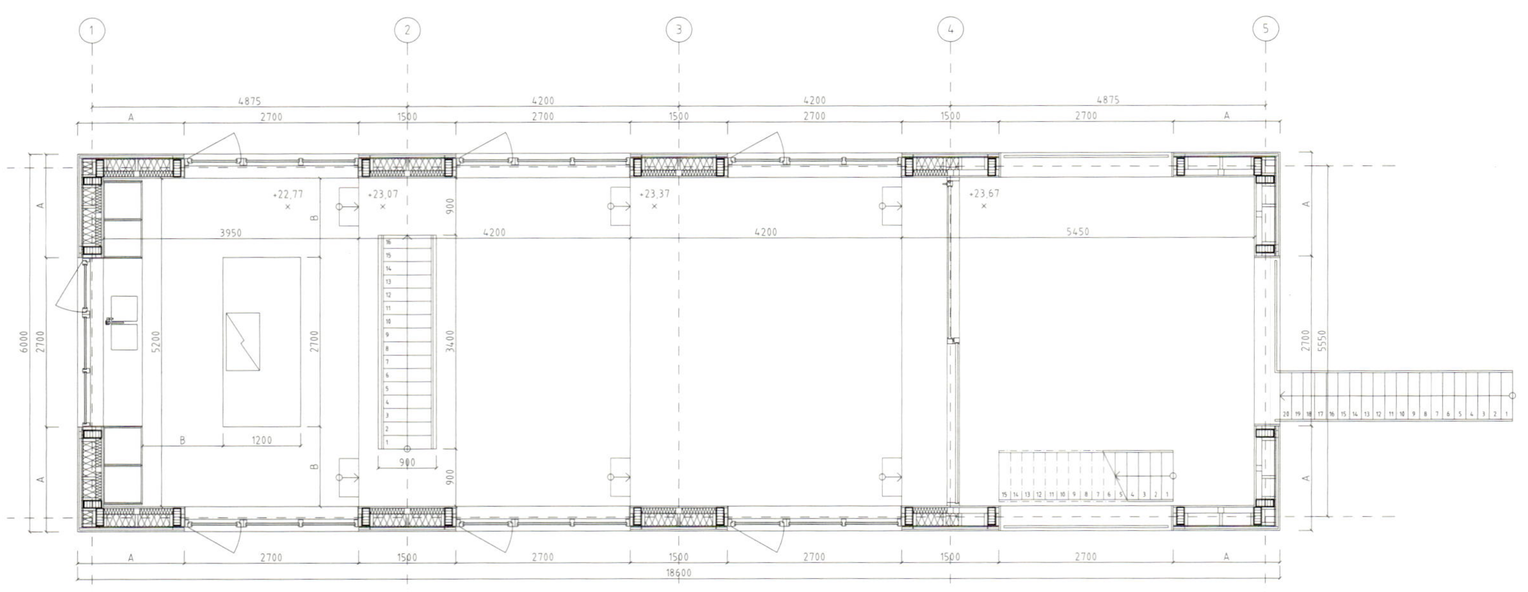

Planta acotada / Dimensioned floor plan

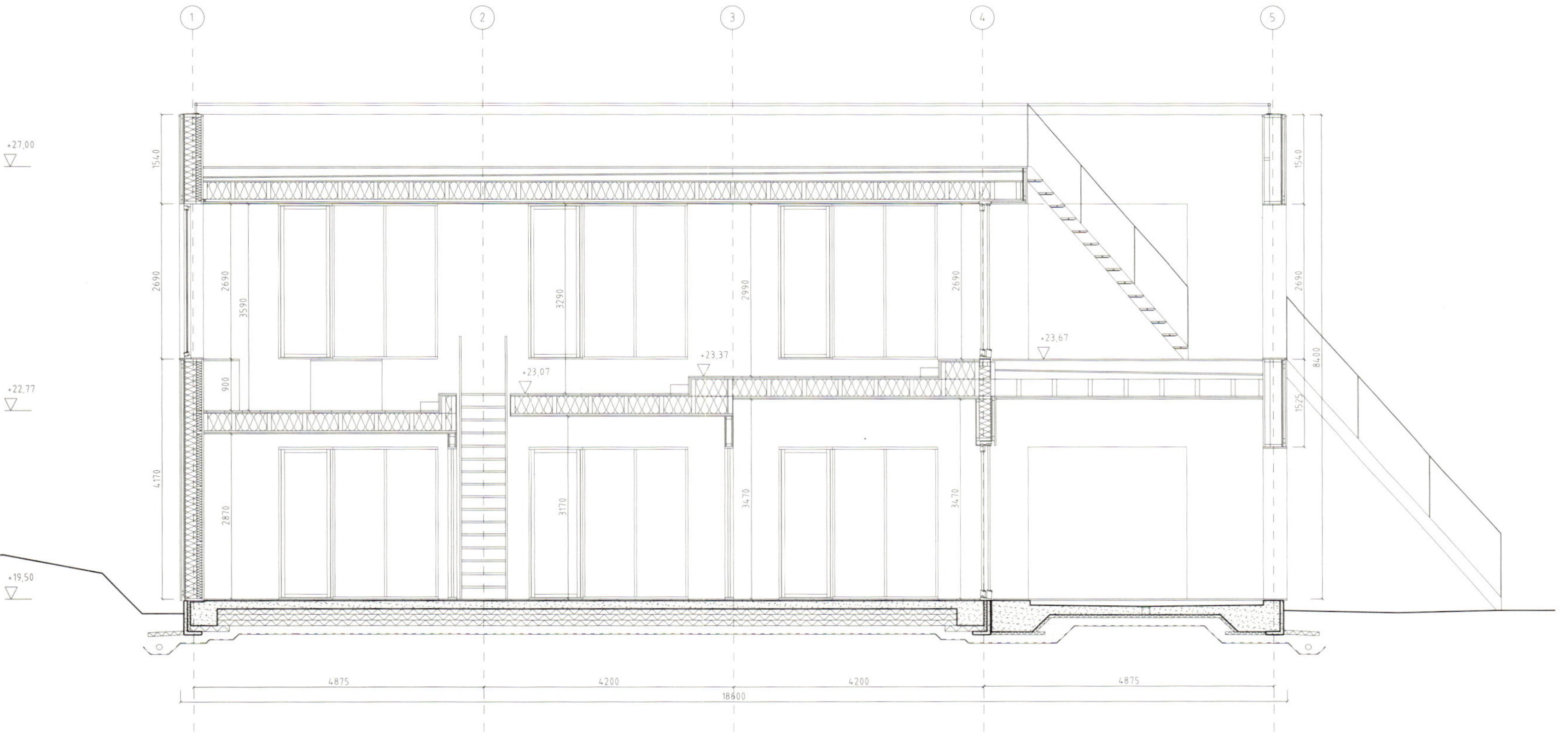

Sección longitudinal acotada / Dimensioned section

↓ **Dormitorio principal en planta baja** / Master bedroom. Ground floor

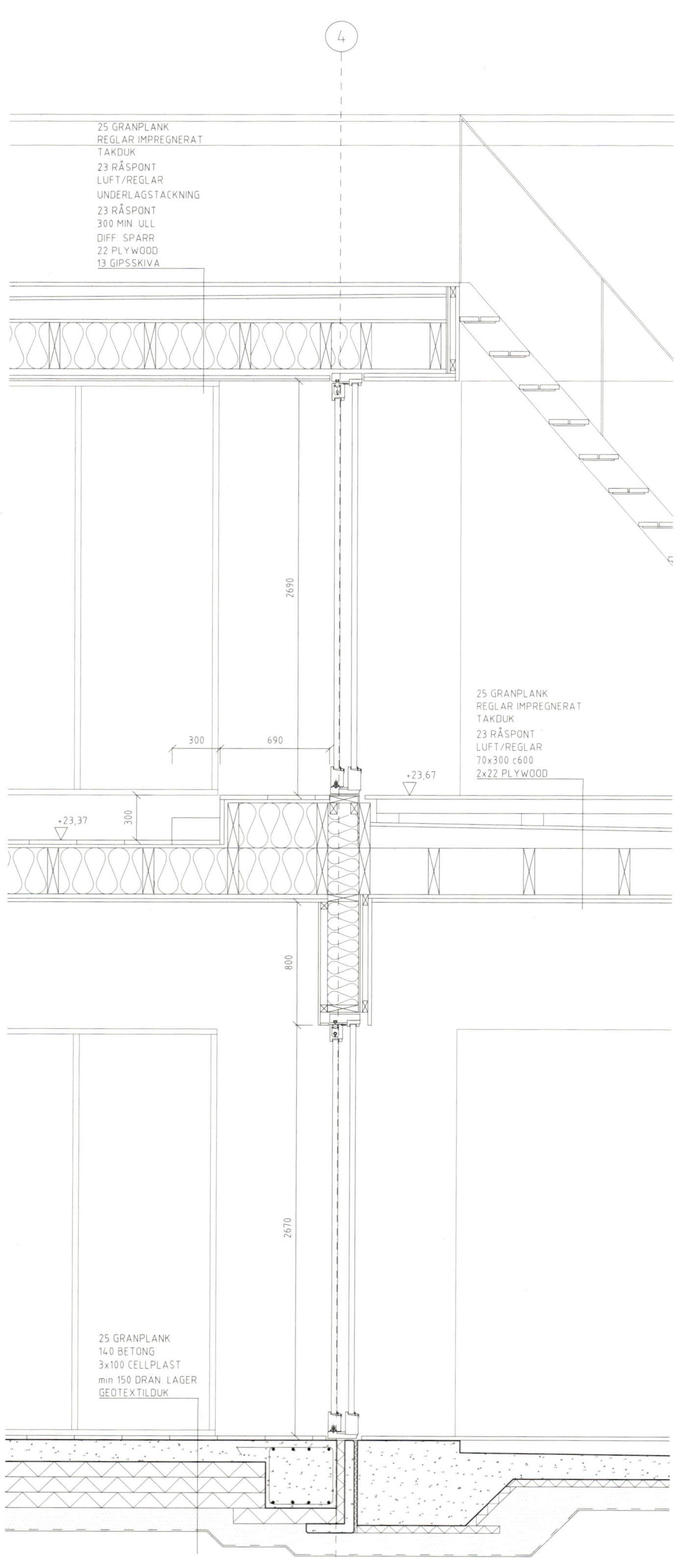

Sección constructiva de fachada / Construction wall section

Planta de situación / Site plan

Los nuevos planes urbanísticos requieren, por su naturaleza, un proceso de colaboración. En los complejos de usos múltiples a gran escala, la arquitectura ha de ser reelaborada, improvisada y purgada muchas veces antes de ser construida. Kraus es un proyecto en el que se está trabajando actualmente teniendo en cuenta todas estas consideraciones. En la localidad de Bergshamra, justo al norte de Estocolmo, se ha puesto en marcha un nuevo plan con la ambición de crear viviendas, espacios comerciales, mercados e instalaciones educativas.
Bajo el terreno existe un sistema de túneles subterráneos, y esto hace que sólo unos pocos puntos puedan ser utilizados para la construcción de los cimientos del edificio. Una estructura de pilares y vigas se apoya sobre esos puntos para crear el complejo propuesto. Con independencia de los pilares y los núcleos verticales, la planta baja es completamente flexible para admitir futuras redistribuciones. La altura de los volúmenes, que se elevan sobre la planta comercial, se adapta al contexto y al carácter de la zona, formando un bloque de viviendas adireccional, sin frente ni fondo.

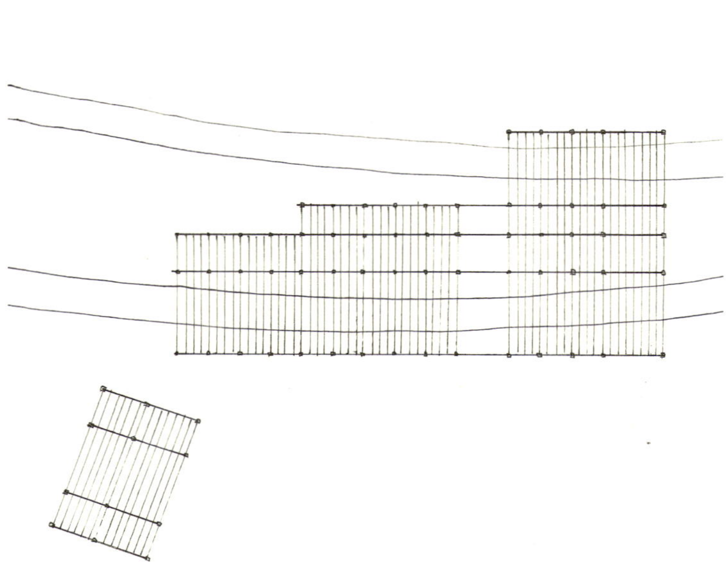

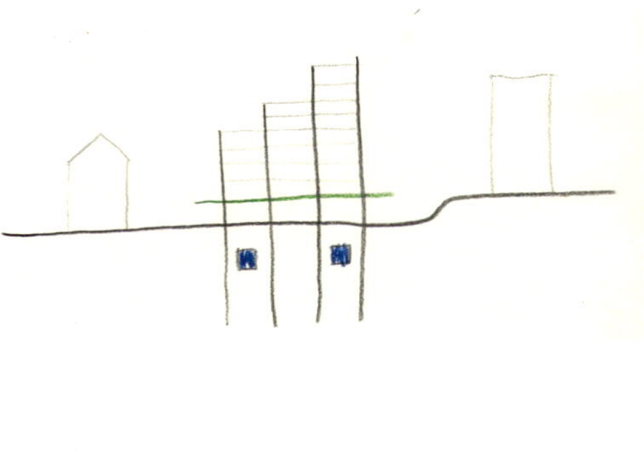

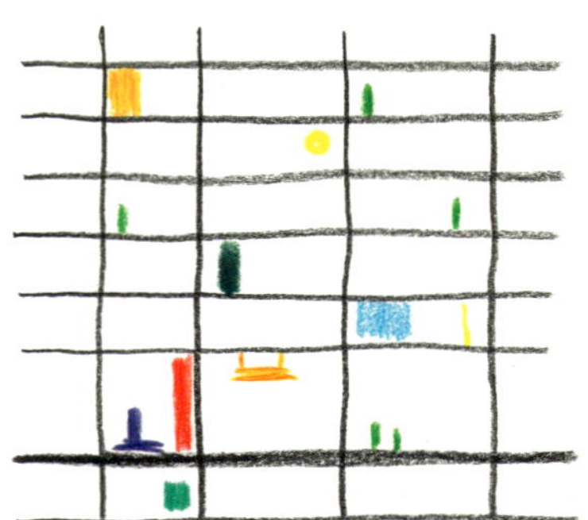

Croquis / Sketches

The nature of new development requires a process of collaboration. For large scale, multi-use developments, the architecture will be reworked, improvised and purged many times before it is built. Kraus is a project currently undergoing these considerations. In Bergshamra, just north of Stockholm, a new development is being planned with the ambition to create housing, shopping areas, markets, and educational facilities.
Underneath the site lies a system of underground rail tunnels, allowing only a few points to be used for the structural foundations. From those points, a post and beam method is being used to create the proposed complex. Beyond the columns and vertical shafts, the ground floor is completely flexible for future rearrangement. Above the shopping area, the height of the volumes adapts to the surrounding context and character, forming a housing block which is non-directional, with no front or back.

Bloques de Viviendas Kraus

Kraus Housing Blocks

SOLNA, SWEDEN. 2017-

COMPETITION FIRST PRIZE

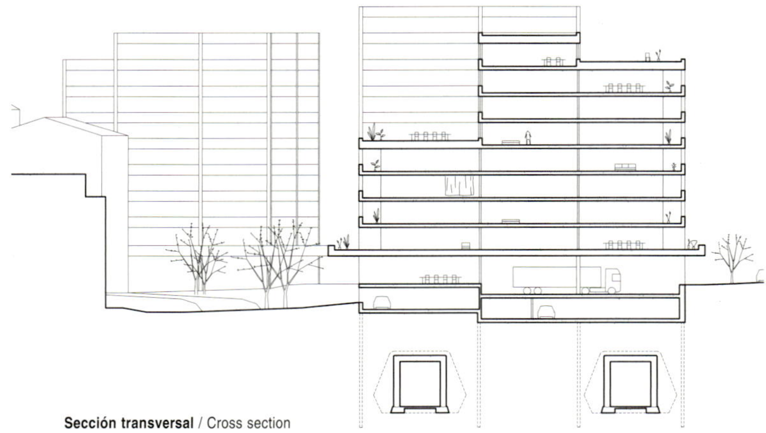

Sección transversal / Cross section

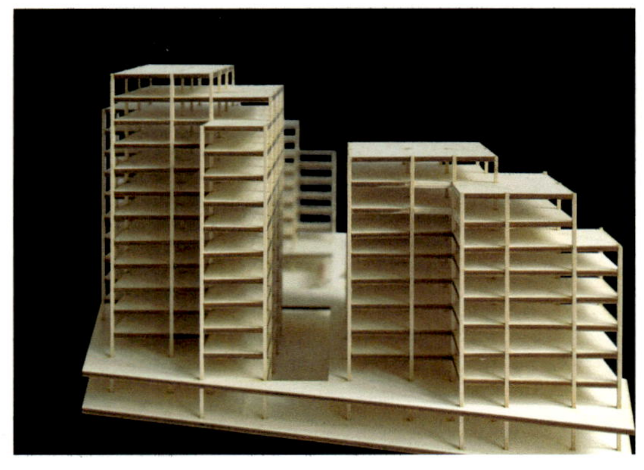

Maqueta de estudio / Study model

En el marco de un sistema estructural a gran escala, se ha probado con una variedad de tipologías de viviendas: desde lujosos apartamentos de una habitación hasta apartamentos de tres habitaciones que pueden convertirse en cinco si es necesario; o casas en hilera ubicadas tanto en la planta baja como en el nivel más alto.
En este proyecto, la intención fue diseñar un sistema o estrategia de construcción, más que una propuesta concreta. La arquitectura debe ser tolerante, flexible y capaz de soportar las inevitables adaptaciones. El título provisional de la propuesta es 'Ensamblaje'.

Within the large-scale structural system, a variety of housing types have been tested — from luxurious one-room apartments, to three-room apartments that can be converted into five rooms if needed and homes in rows placed on either the ground floor or at the highest level.
In developing Kraus, the intention is to design a system or strategy of building, rather than a fixed proposal. The architecture needs to be uncomplaining, flexible, and able to withstand inevitable adaptations. The working title of the proposal is 'Assemblage'.

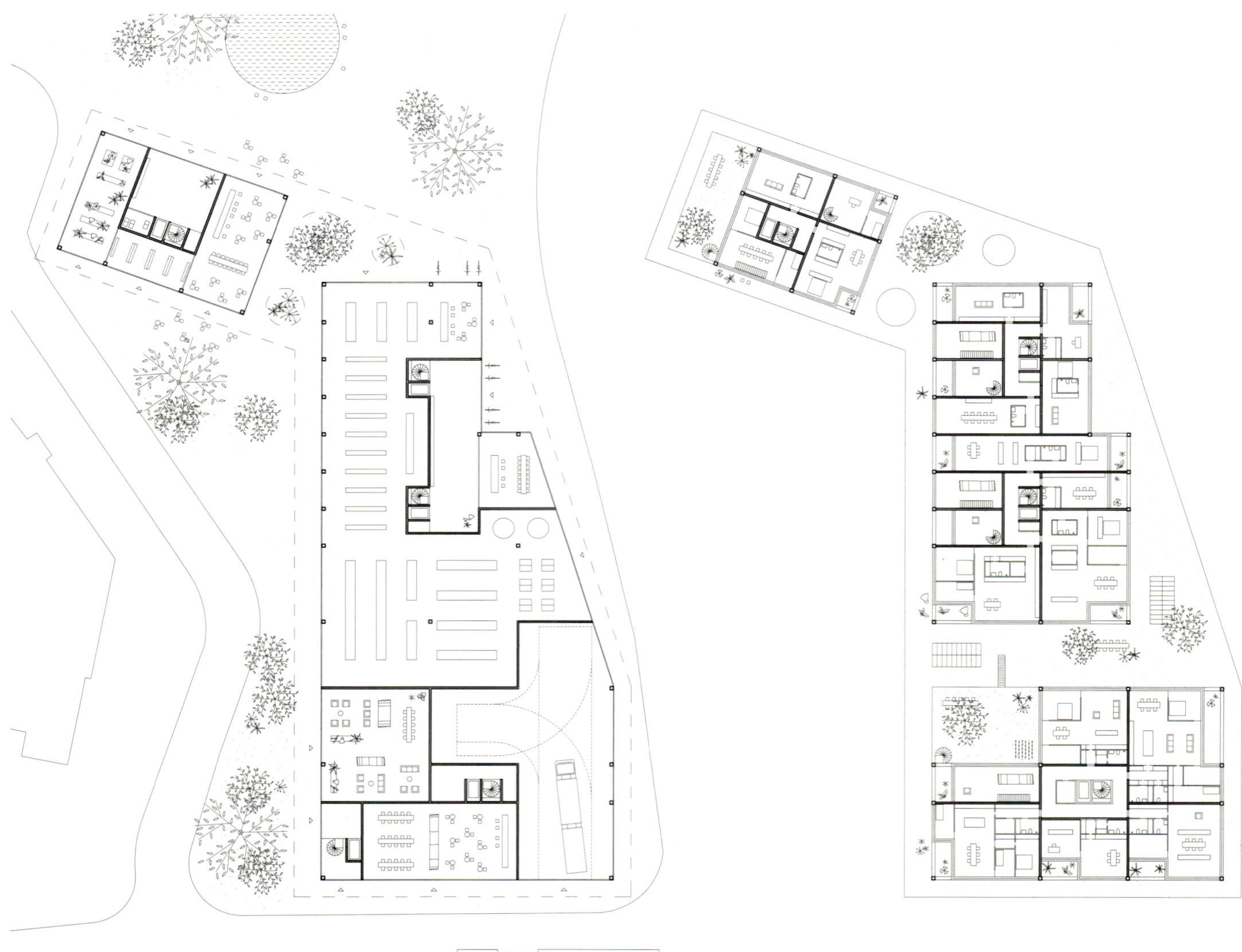

Planta baja / Ground floor plan

Planta tipo / Typical floor plan

El archipiélago situado al norte de Estocolmo tiene un paisaje discreto y poco espectacular. La topografía es más bien plana y la tierra aún no ha sido explotada. El cliente se compró —por una cantidad razonable de dinero— una isla propia que contenía una pequeña casa, un cobertizo para herramientas, un granero y una cabaña para embarcaciones.

Algunos miembros de la familia viven en la isla; la madre del cliente habita la pequeña casa existente. Cuando se encargó la construcción de una nueva casa se decidió no crear una agrupación a modo de granja que incluyera los edificios existentes, adoptando en su lugar un enfoque más insular que recreaba un archipiélago de casas en este lugar.

Casa Bredören

VÄRLINGSÖ, UPSALA, SUECIA 2019 2021

Plano de situación / Site plan

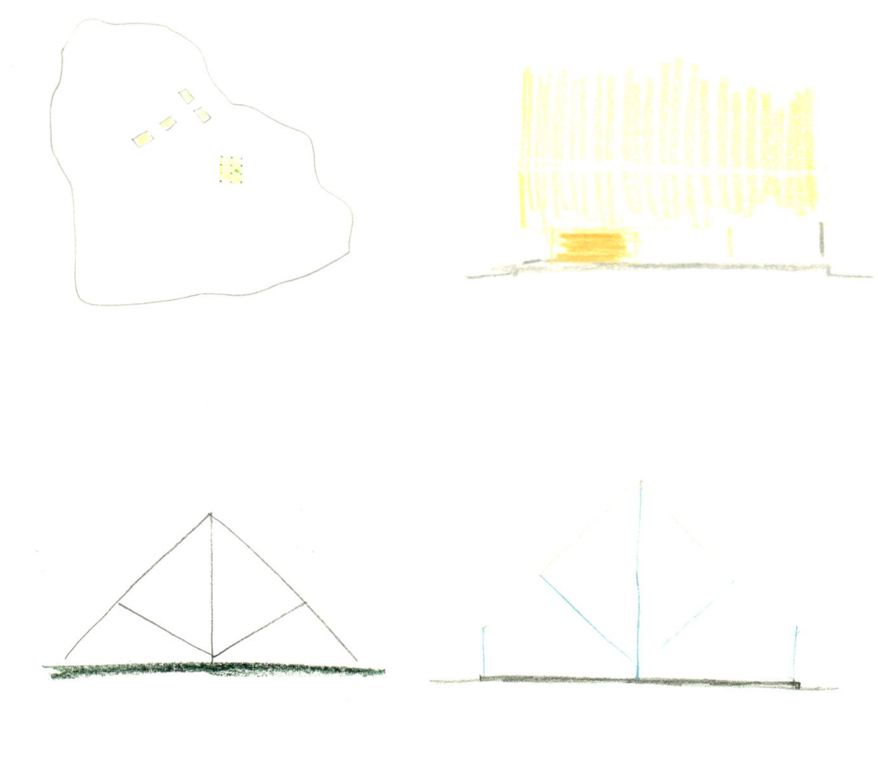

Croquis / Sketches

The northern Stockholm archipelago is low-key and less dramatic. The topography is rather flat, and the land still unexploited. Here, the client could buy their own island containing a small house, a tool shed, a barn and a boat house, all for a reasonable amount of money.
Part of the family lives on the island and the client's mother lives in the existing small house. When commissioned to build another house, it was decided to not make a farm-like cluster with the existing buildings but to take a more insular approach, recreating an archipelago of houses on this island.

BREDÖREN HOUSE

VÄRLINGSÖ, UPSALA, SWEDEN 2019 2021

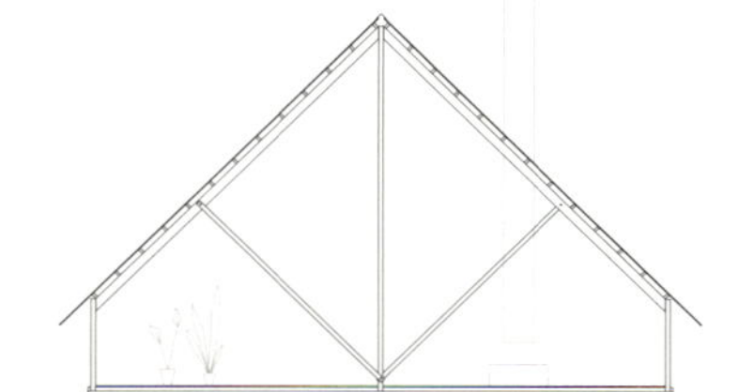

Alzado Sur / South elevation

Maqueta de estudio / Study model

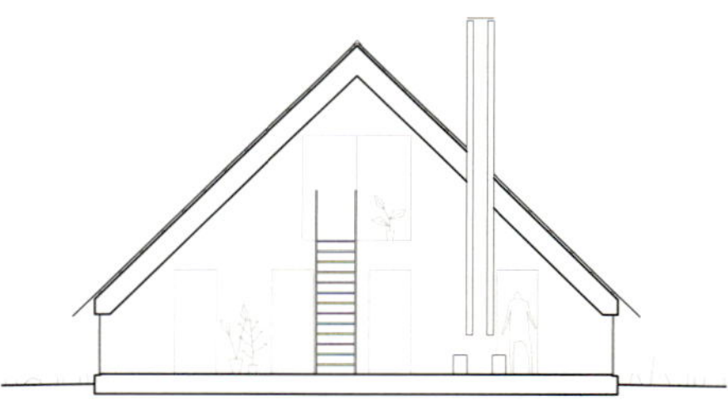

Sección longitudinal / Longitudinal section

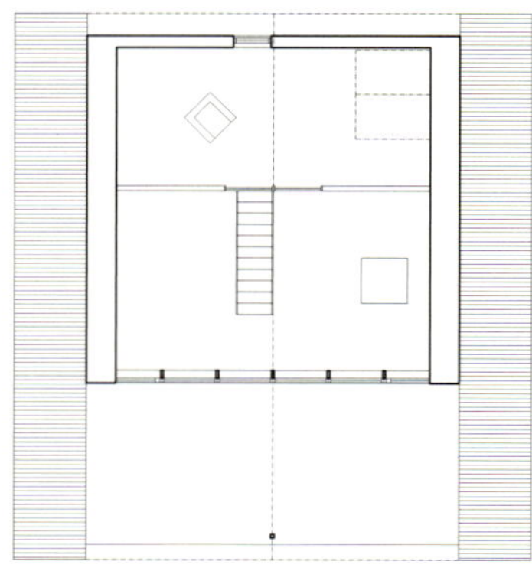

Planta superior / Upper floor plan

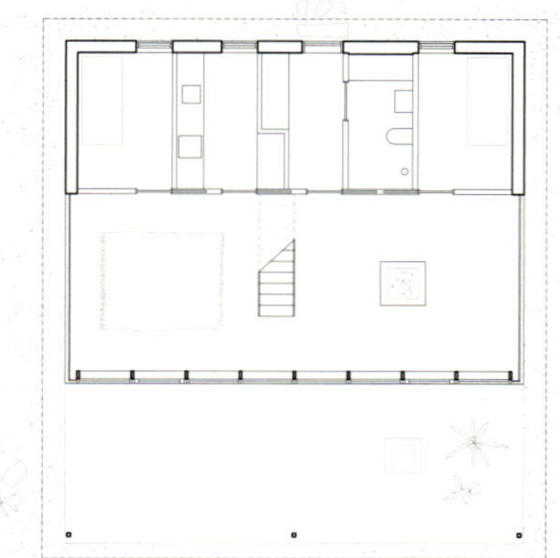

Planta baja / Ground floor plan

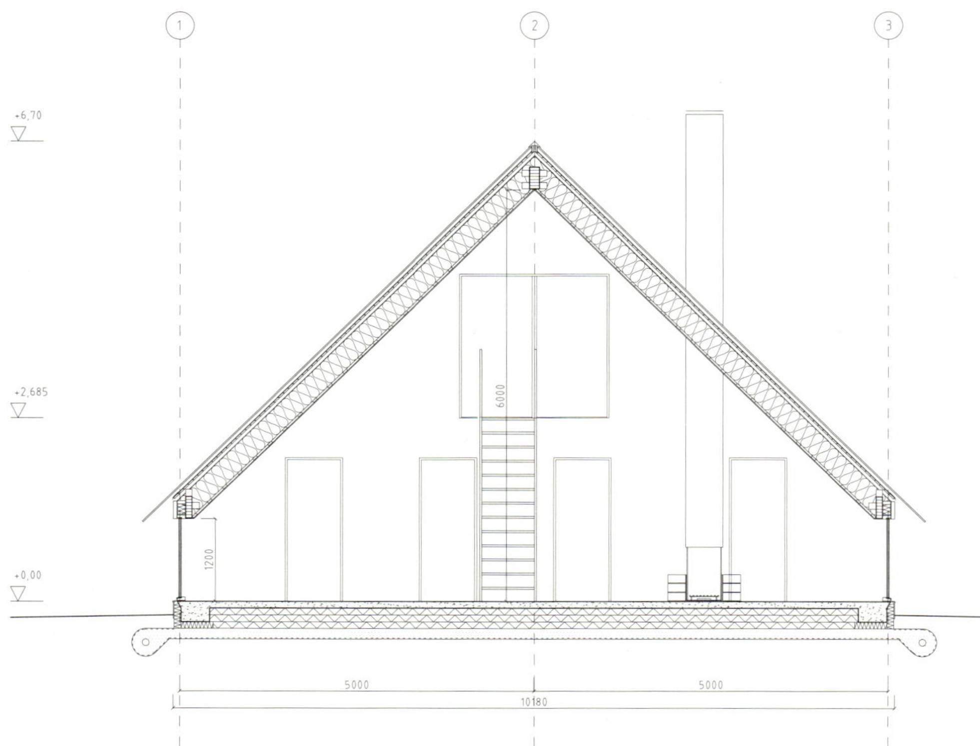

Sección transversal acotada / Dimensioned cross section

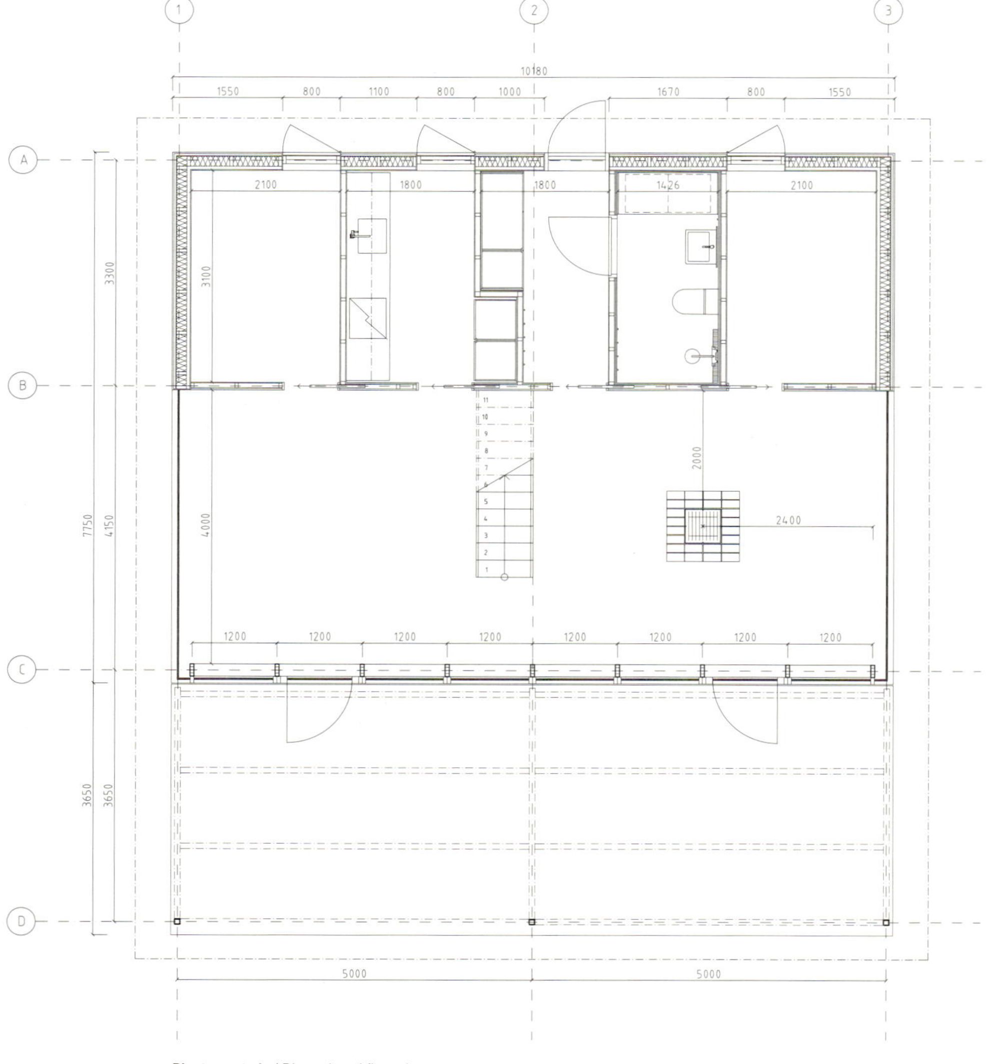

Planta acotada / Dimensioned floor plan

↑ **Cocina** / Kitchen → **Sala de estar** / Living room

↑ **Dormitorio** / Bedroom ↓ **Entrada** / Entrance hall

La casa —a modo de tienda de campaña apoyada sobre unos cimientos vertidos in situ sobre la roca— consta de cuatro partes. En primer lugar, al fondo de la casa, y mirando hacia las otras construcciones, se dispone una unidad cerrada que contiene dormitorios, cocina y baño. A continuación se dispone un área de estar abierta, delineada por una pantalla de vidrio montado sobre un armazón de madera estructural —la chimenea abierta establece un contrapunto radial frente a la estriación de la planta—. Luego, hacia el exterior, un segundo armazón —esta vez en metal— crea un ámbito de estar al aire libre. Este armazón aporta a su vez estabilidad horizontal. Por último, sobre todos estos elementos se apoya una cubierta de policarbonato corrugado que se extiende hasta la altura de un metro sobre el suelo, brindando sensación de intimidad a los espacios y enmarcando vistas inesperadas.
El proceso continúa. En este momento, la antigua cabaña se está convirtiendo en un nuevo lugar para vivir.

The house is basically like a tent sitting on a foundation cast in situ on the rock. It comprises four parts. At the back, towards the other houses, there is a closed service unit with beds, kitchen and bathroom. Next, delineating an open living room, a layer of glass on a structural wooden frame. At the other end, a corresponding frame in metal that also provides horizontal stabilization. Finally, an open fireplace creates a radial counterpoint to the striation of the plan. All of the building supports a vast corrugated polycarbonate roof that reaches down to a mere metre above the ground, providing a feeling of intimacy and framing unexpected views.
The process continues. At the moment, the old boat house is becoming into a new place to live.

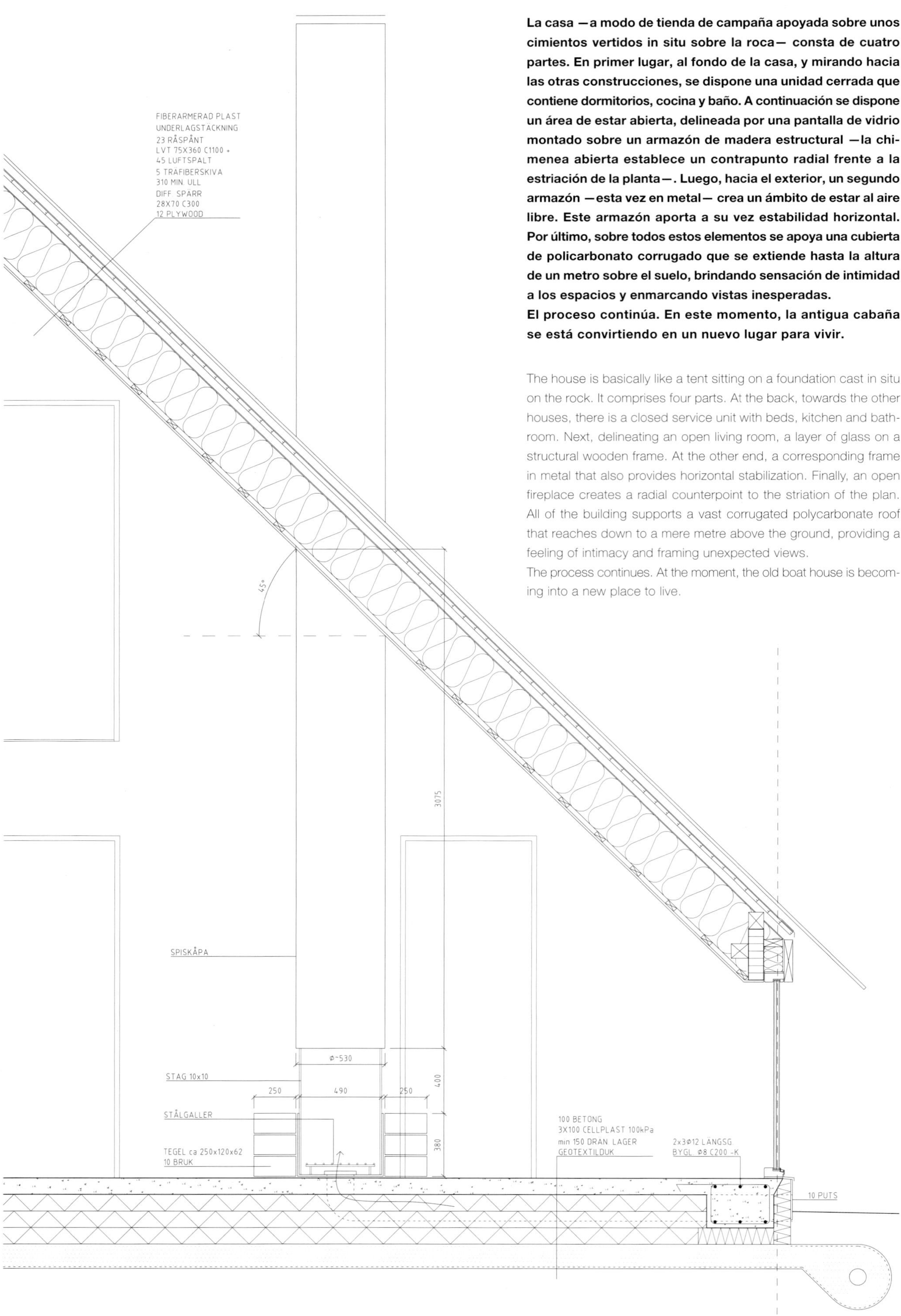

Sección constructiva de fachada / Construction wall section

→ **Dormitorio en planta baja** / Ground floor bedroom

↑ **Fachada Oeste** / West facade ↓ **Fachada Norte** / North facade

En la isla de Öland uno tiene la sensación de estar en otro mundo, de vivir una vida sin complicaciones, una vida de interminables paseos por la orilla cubierta de piedras. El paisaje es yermo y seco, pero, de alguna manera, transmite una idea clara de la historia del lugar.

El paraje, situado en el municipio de Djupvik, se encuentra más bien tierra adentro. Las zonas vecinas del sureste están presentes, pero la vista del mar hacia el oeste queda fuera del alcance. Las reglamentaciones urbanísticas impusieron ciertos límites en cuanto a superficie, altura y ángulo de la cubierta. El esfuerzo por alcanzar unas determinadas cualidades dentro de esos límites determinó la ubicación de la casa y la ocupación del terreno mediante una huella simple. Una sencilla estructura de madera de forma cuadrada, revestida con una capa de vidrio, se complementa con un volumen que se cierra hacia los vecinos.

Las vigas se construyen lo más finas posible, con el objetivo de lograr un interior espacioso que al mismo tiempo sea capaz de soportar tres espacios abuhardillados. Uno de ellos contiene un dormitorio, otro, una sala de estar, y el último es simplemente una red suspendida al aire libre, a modo de hamaca de 25 m². La altura de construcción permitida produce casi una sensación de aplastamiento en estas buhardillas, pero este constreñimiento se ve compensado por un logro sin precedentes: la vista sin obstáculos del mar.

CASA EN DJUPVIK

ÖLAND, SUECIA 2019 2021

Plano de situación / Site plan

Croquis / Sketches

Öland is a feeling of being somewhere else; of living an uncomplicated life; of never-ending walks on the stone-covered shore. The landscape is sparse and dry, yet, somehow, there is a clear sense of its history.

The site in Djupvik is slightly inland. The neighbours to the south-east are present, but the westward view of the sea is just out of reach. A planning document put limits on area, heights, and roof angle. Striving for certain qualities within these limits determined a simple footprint and where to place it. A straightforward timber frame forms a square, clad in a layer of glass and complemented by a closed volume facing the neighbours.

The beams are as thin as possible in order to achieve a spacious interior while still supporting three lofts. One is a bedroom, one a living room, and one is simply a suspended net outdoors, like a 25 m² hammock. The building height allowed almost squashes these lofts, yet the sense of constraint is offset by their unparalleled achievement: an unobstructed view of the sea.

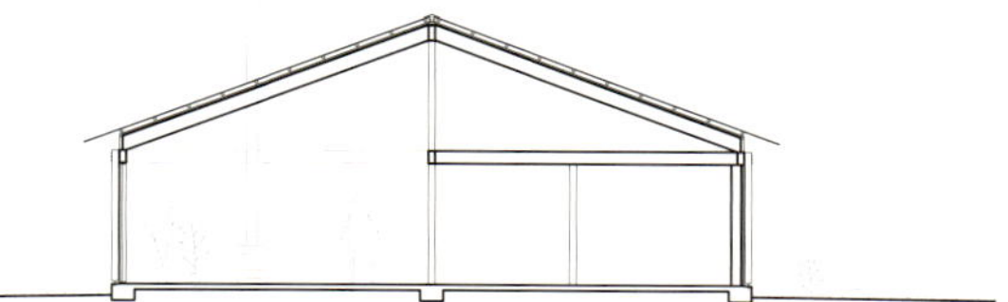

Sección por estar / Section through living room

Maqueta de estudio / Study model

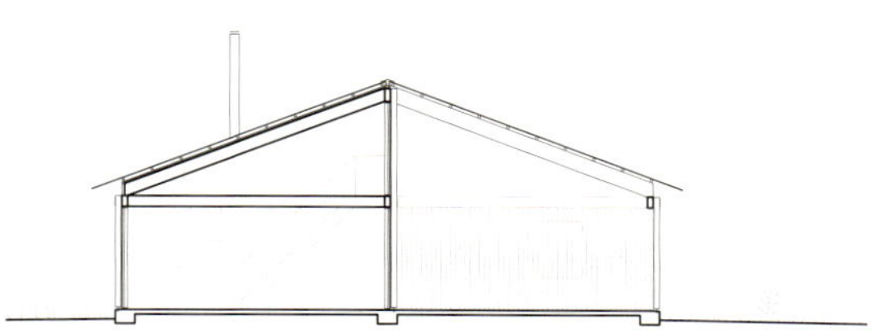

Sección por porche / Section through porch

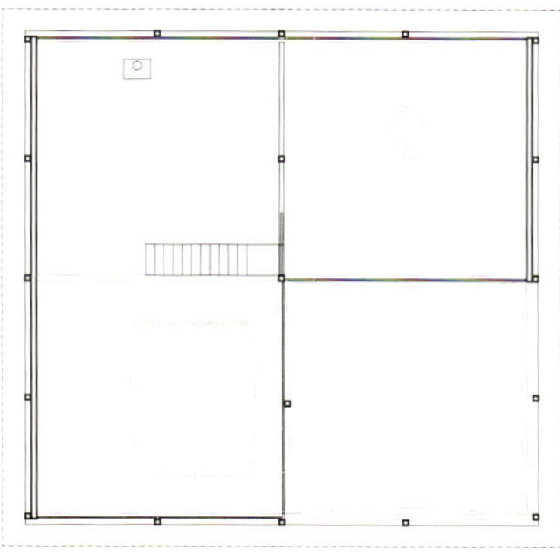

Planta superior / Loft floor plan

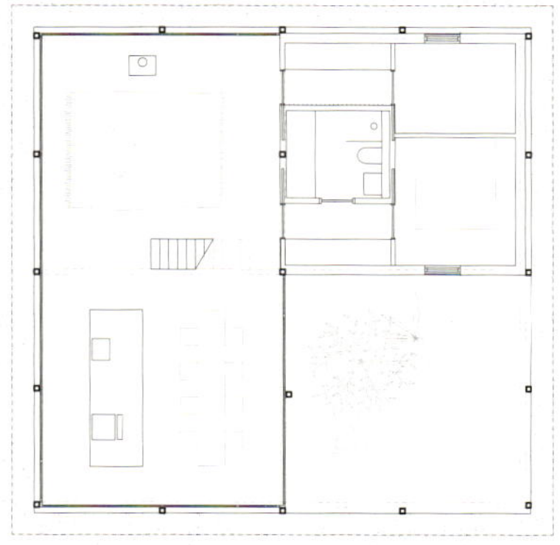

Planta baja / Ground floor plan 

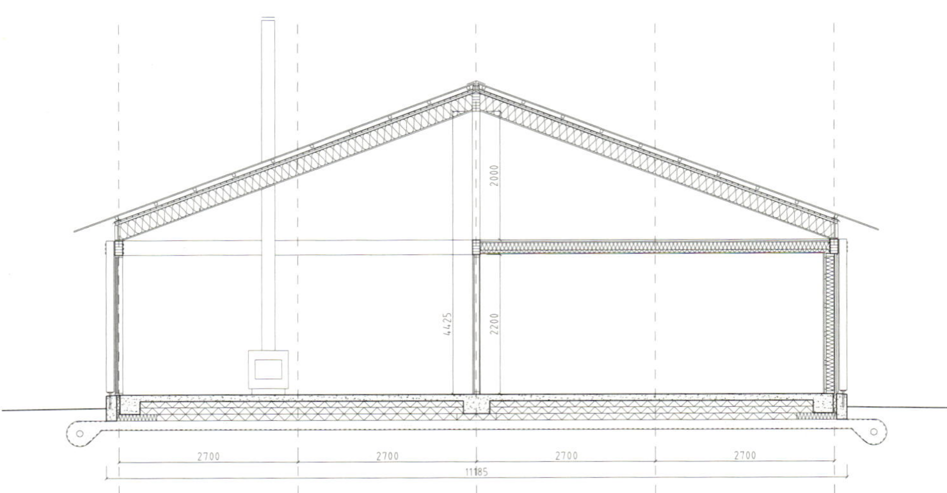

Sección acotada / Dimensioned section

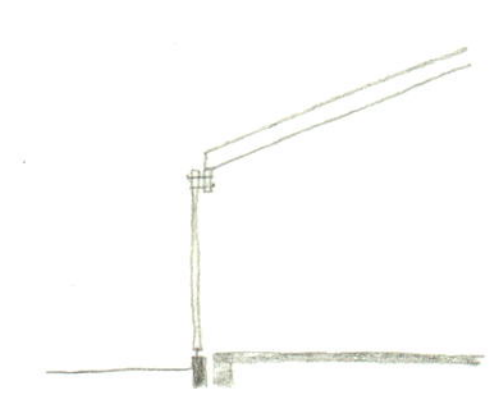

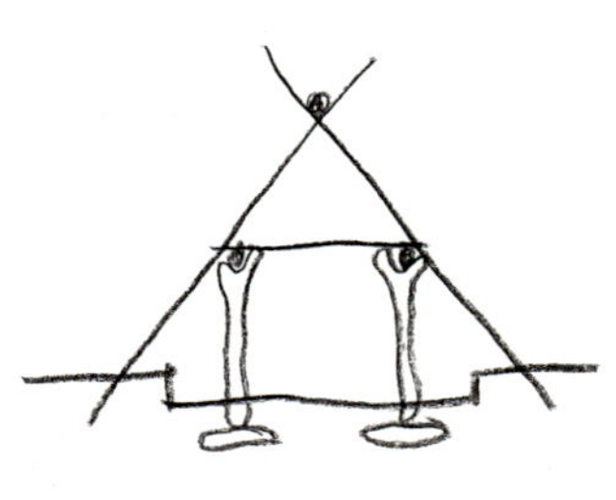

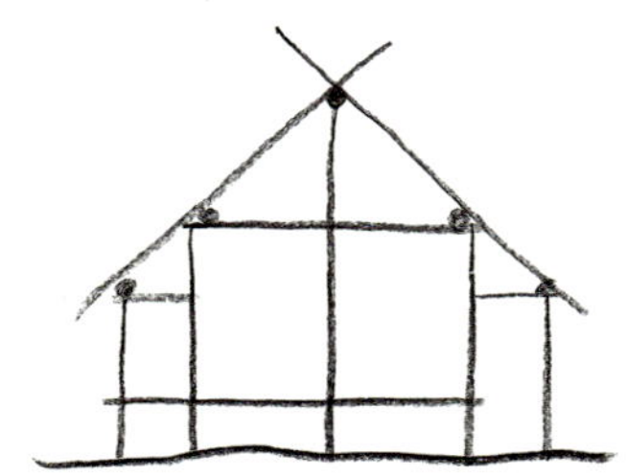

Croquis / Sketches

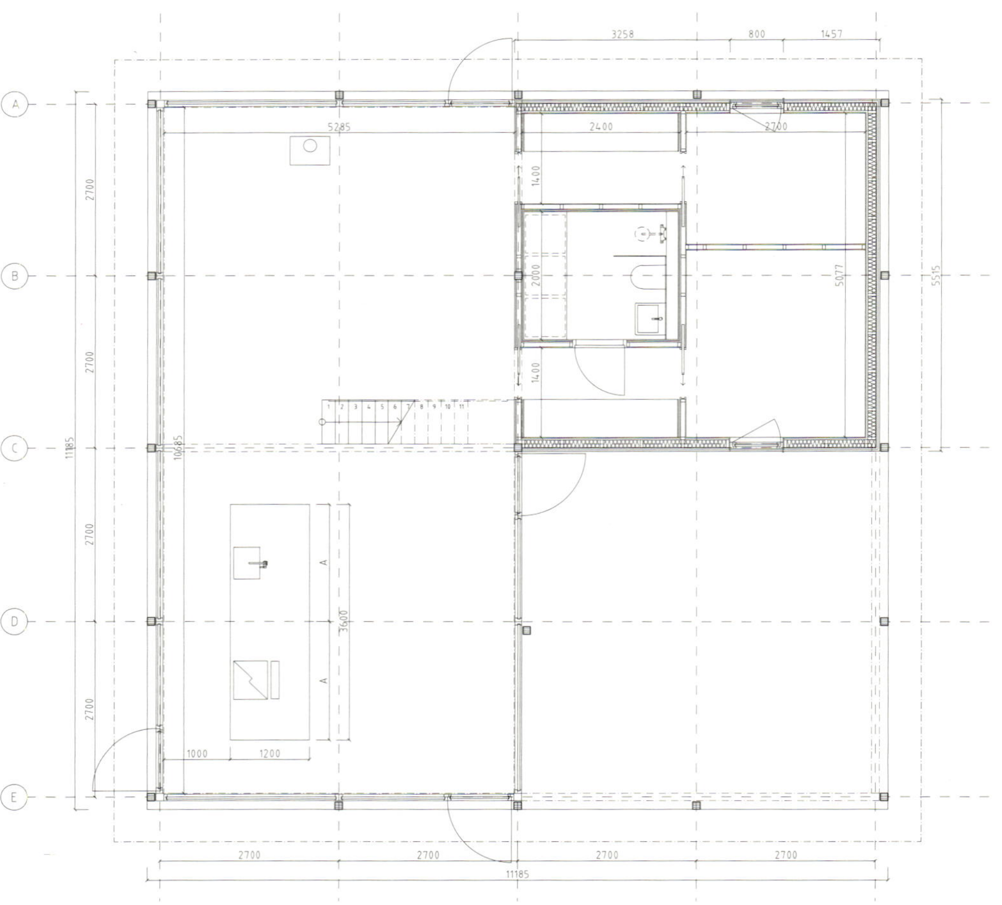

Planta acotada / Dimensioned floor plan

→ **Entrada principal** / Main entrance

← **Sala de estar** / Living room ↑↓ **Dormitorio de invitados en altillo** / Loft guest bedroom

Comedor / Dining room

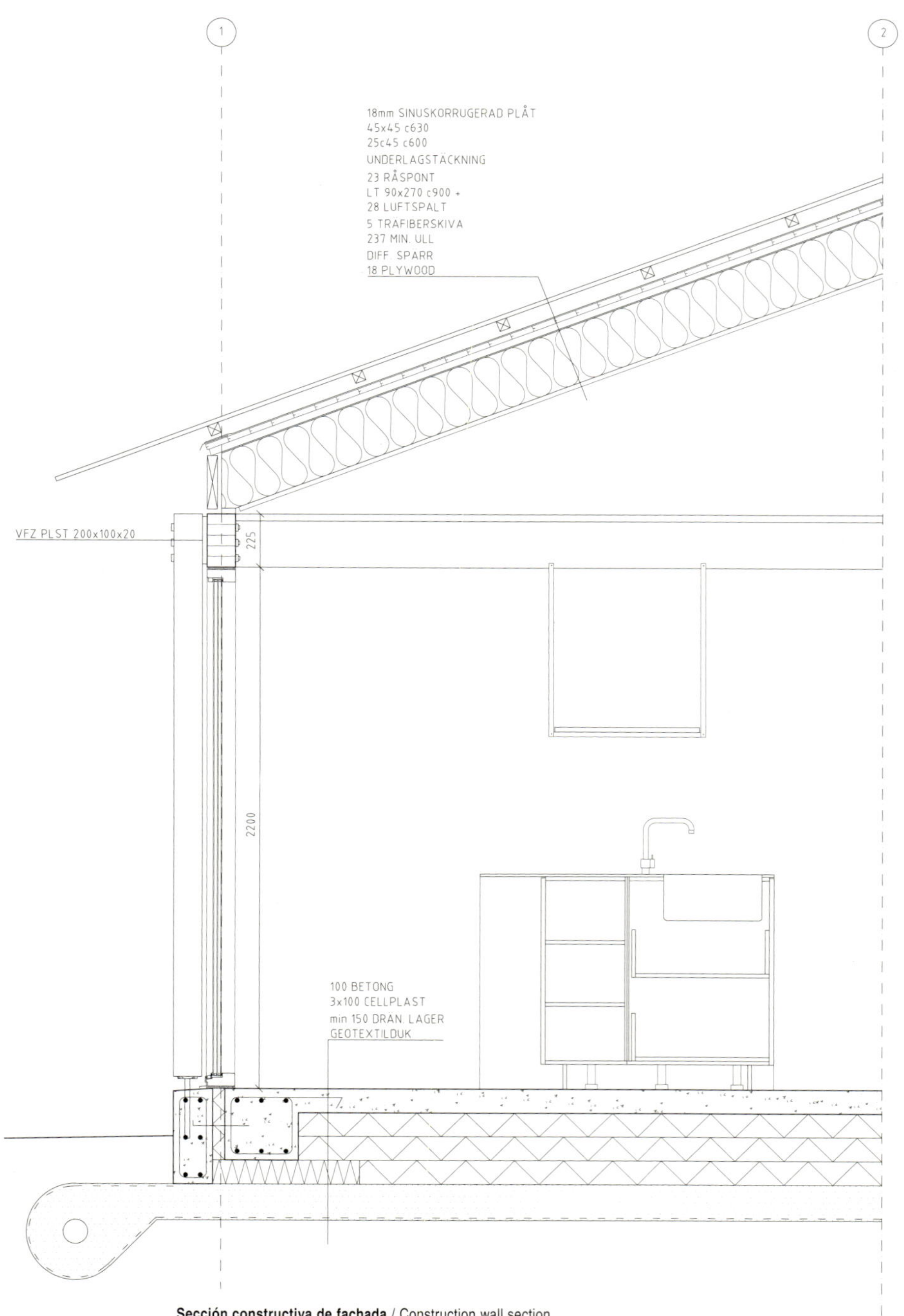

Sección constructiva de fachada / Construction wall section

Plano de situación / Site plan

Croquis / Sketches

El cliente poseía una gran superficie de terreno en la isla de Väddö, donde una vez se ubicó el pueblo de Gamla Grisslehamn —un lugar por donde, en tiempos aciagos, entraba en Suecia el servicio postal procedente de Finlandia—. Esta tierra se dedicaba originalmente a la agricultura itinerante, pero desde hace tiempo ya no se utiliza para este fin.
No hubo instrucciones previas sobre la intervención. Nuestra propuesta fue dividir una parte pequeña y apartada del terreno —un área que no perturbara la vida ni de animales ni de personas— en 12 parcelas que fueran lo suficientemente grandes como para no advertir las actividades de los vecinos. El paisaje muestra una amplia gama de características: desde calveros rocosos hasta llanuras cubiertas de pinos y densos bosques de abedules. Con tal variación paisajística, cada casa debe adaptarse a su lugar, lo que la convierte en única. Una parte importante del proyecto consistió en desarrollar un sistema constructivo a base de piezas de madera completamente prefabricadas que fuera capaz de permitir esta personalización sin costes desmesurados. Un armazón estructural de madera laminada soporta otros elementos de madera, tales como paredes, pisos y techos.

CASA GRISSLEHAMN

VÄDDÖ VEDA, NORRTÄLJE, SUECIA 2020 2021

The client owned a large piece of old farmland on Väddö, including Gamla Grisslehamn, where, in the old days, letters from Finland entered Sweden. This land, originally used for itinerant agriculture, had not been used for this purpose for a long time.

There was no brief as to what to develop. Our suggestion was to divide a small, secluded part of the land —an area that did not disturb any animals or people— into 12 plots that were large enough to not to reveal the neighbours' activities. The landscape shows a wide range of characteristics, from rocky glades to pine-strewn flatland and dense birch forest. With such natural variation, each house has to be adapted to its site, making each one unique. An important part of the project was to develop a fully prefabricated building system in wood that could allow such customisation without excessive cost. A structural laminated timber frame supports wooden inserts as walls, floors and roofs.

Grisslehamn House

VADDÖ VEDA, NORRTÄLJE, SWEDEN 2020 2021

Maqueta de estudio / Study model

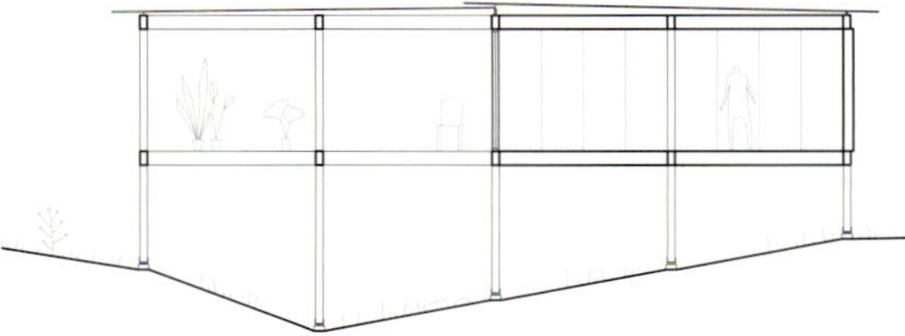

Sección / Section

Acceso Norte / North entrance

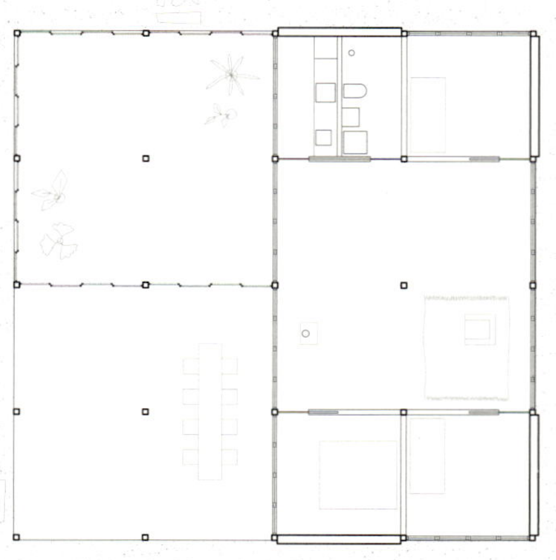

Planta / Floor plan

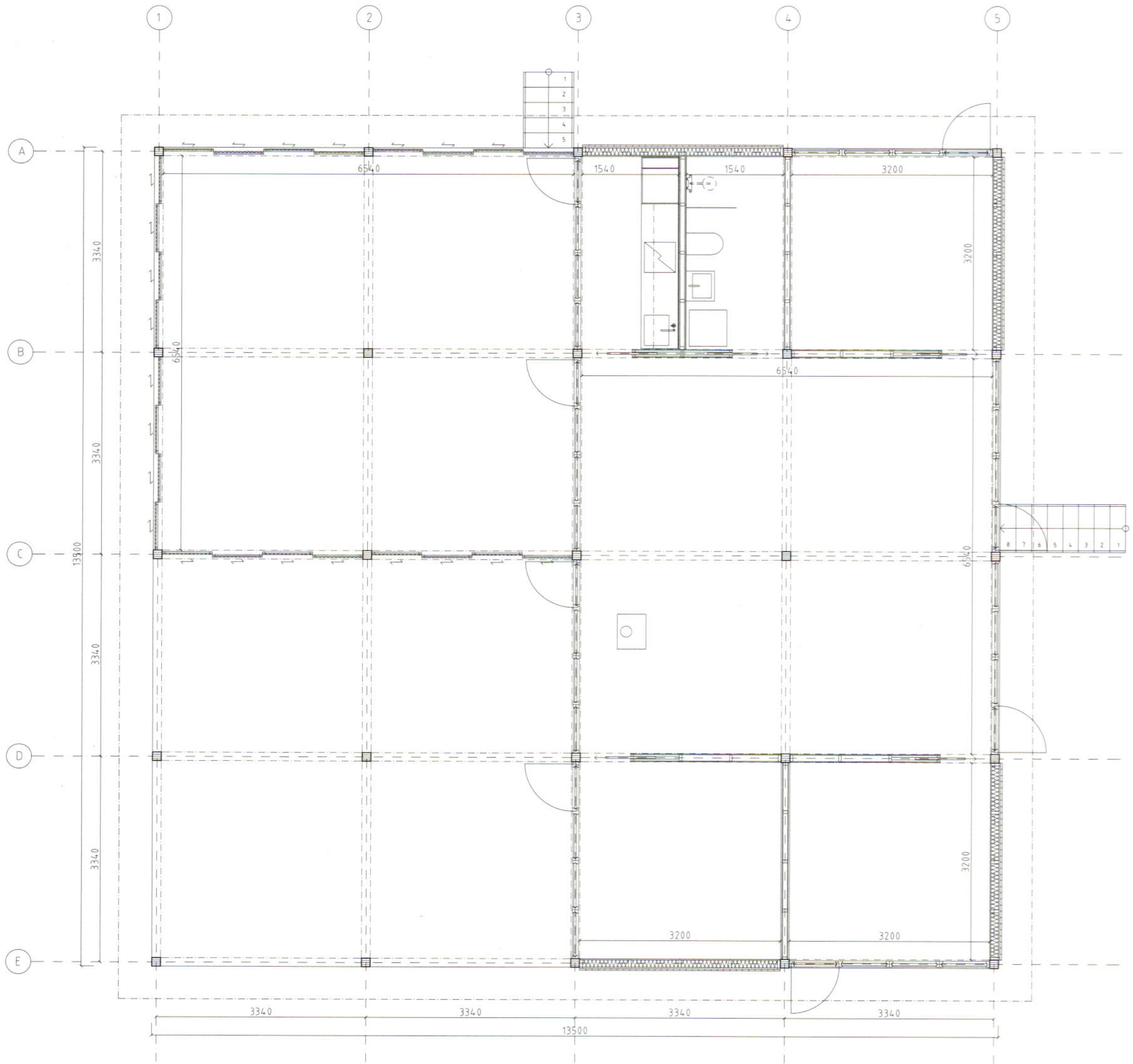

Planta acotada / Dimensioned floor plan

Comedor y sala de estar / Dining and living rooms

Todos los componentes llegaron al solar en paquetes planos y optimizados para un camión de tamaño mediano. El armazón se montó en unos días, y la casa se completó en pocas semanas. El interior es una secuencia de habitaciones sin un programa determinado. Más bien se trata de espacios con distintas cualidades que pueden ser habitados de diferentes maneras, desde la unidad más pequeña, conformada por tres paredes cerradas y una mampara de vidrio, hasta otras habitaciones que carecen totalmente de paredes; desde la estructura de plástico corrugado que crea un agradable clima interior hasta una plataforma abierta elevada en el bosque.

All components were flat-packed and optimized for a medium-sized truck. The frame was erected in days and the whole house in weeks. The interior comprises a sequence of rooms without a determined program. Instead, they are spaces with different qualities that can be inhabited in different ways, from the smallest unit with three closed walls and one window to rooms without walls altogether, and from the corrugated plastic structure that creates a more pleasant interior climate, to an elevated open platform in the forest.

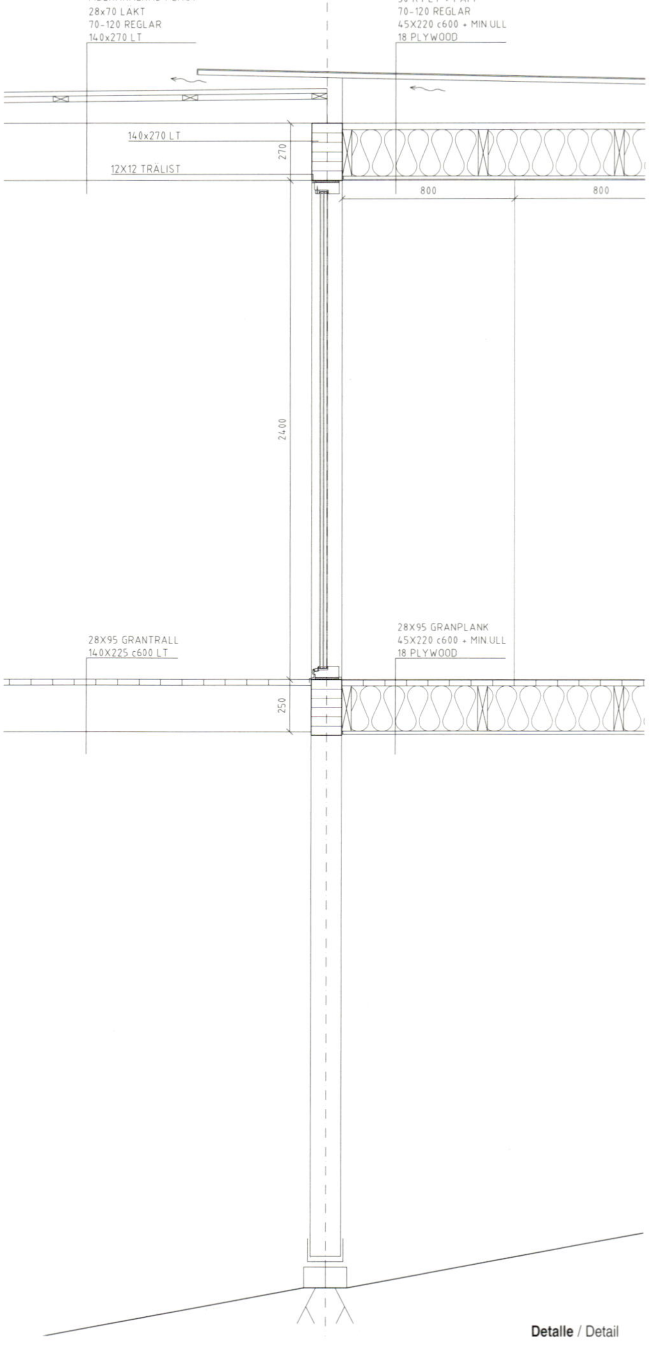

Detalle / Detail

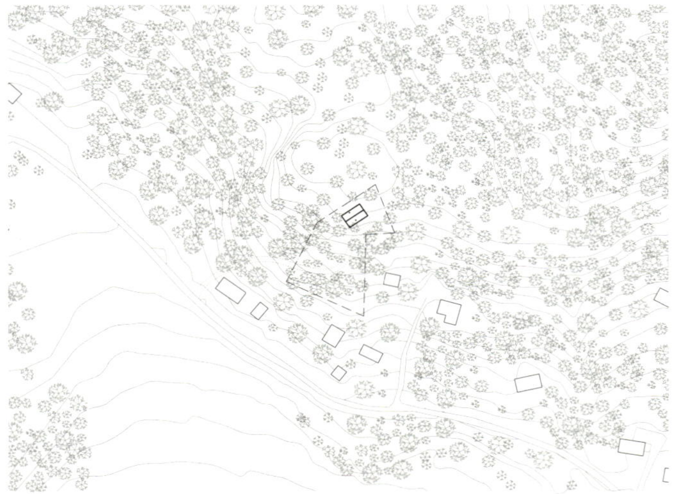

Planta de situación / Site plan

Más que una propuesta, ésta es la historia de un proceso. El terreno se compró a un precio razonable, ya que mucha gente lo consideraba un solar difícil de manejar. Una pendiente continua orientada al sur, sin acceso a infraestructuras. Sin carretera, sin agua ni electricidad, pero con un gran potencial. Un contexto similar al de una granja, a una hora al oeste de Estocolmo, situado junto al lago Mälaren, que conecta con el mar.
Se elaboró una propuesta y se planificó su construcción. Un tiempo después, la aparición del Covid produjo un aumento drástico de los precios de los materiales de construcción. En el transcurso de un año el precio de la madera subió alrededor de un 100-200%, más aún el del acero. El presupuesto parecía un diagrama de la bolsa de valores, con variaciones y ajustes de precios en constante cambio. Después de un tiempo, los precios fueron bajando un poco, y eso nos dio un respiro.
Después, la terrible invasión de Ucrania elevó aún más los precios. Las empresas que tenían tratos comerciales con el Este se quedaron sin material —madera, acero, aislamiento— *y* se arruinaron. La electricidad nunca ha sido más cara.

Croquis / Sketches

This is a story about a process rather than a proposal. The land was bought at a reasonable price as it was difficult for many people to deal with. A south-facing constant slope without any infrastructures: no road, no water and no electricity, but with great potential. Surroundings similar to a farm one hour west of Stockholm beside Lake Mälaren, connected to the sea.
A proposal was developed and constructions plans were made. After COVID, however, there were dramatic price increases and the price of timber went up around 100-200% in a year, steel even more.
The proposal was similar to a diagram on the stock market, shifting and adjusting to constantly changing prices. After a while, prices fell slowly and we could take a breath.
Then, the terrible invasion of Ukraine pushed them even higher. Companies dealing with the east were out of material, timber, steel, insulation, and out of business. Electricity has never been more expensive.

Casa en Hovgården

House in Hovgården

ADELSÖ, SWEDEN. 2020-

Acceso principal / Main access

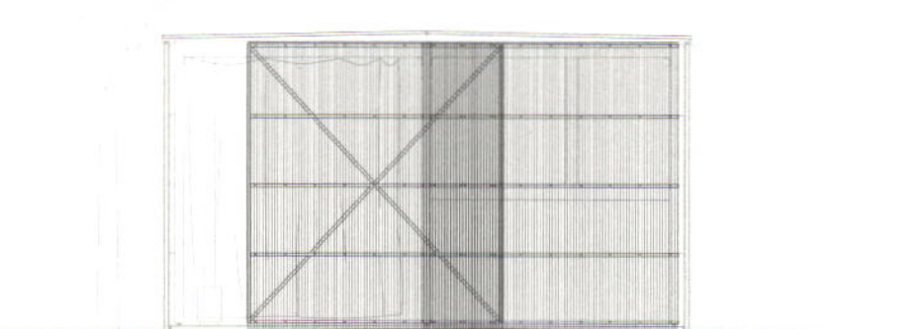

Alzado Oeste / West elevation

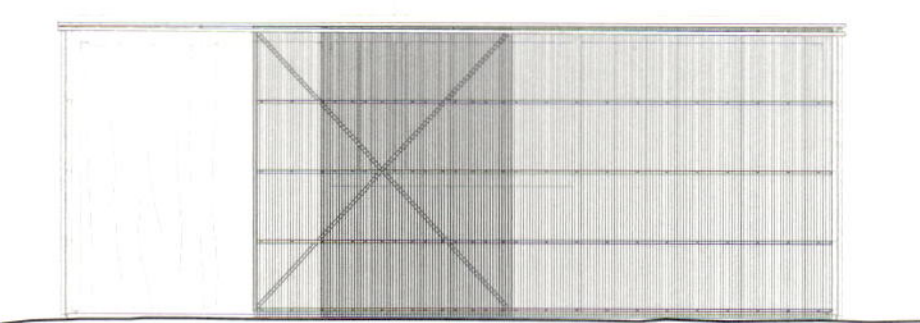

Alzado Sur / South elevation

Maqueta de estudio / Study model

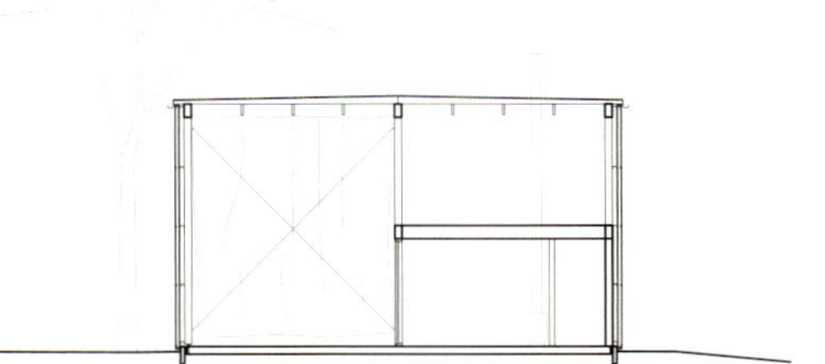

Sección longitudinal / Longitudinal section

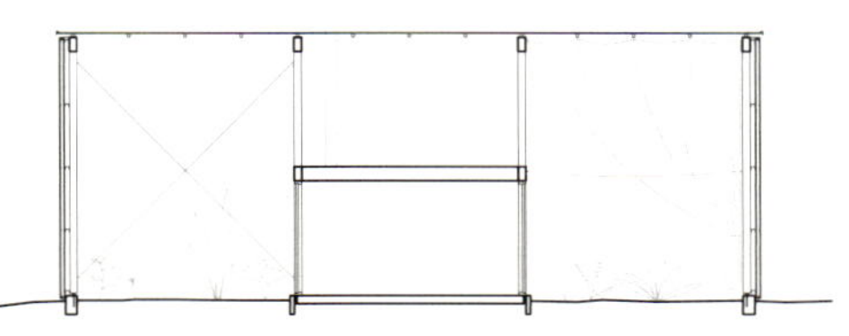

Sección transversal / Cross section

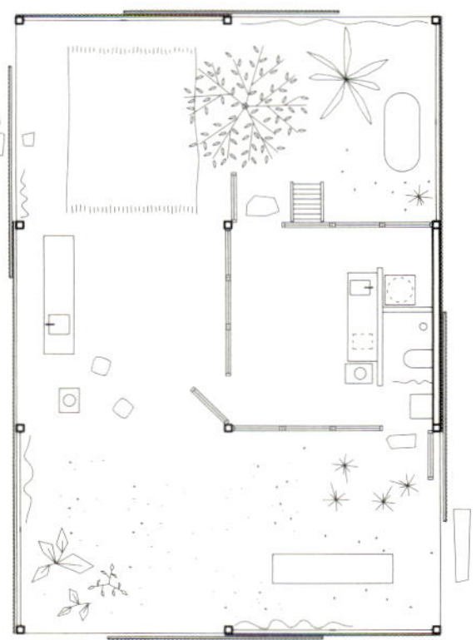

Planta baja / Ground floor plan

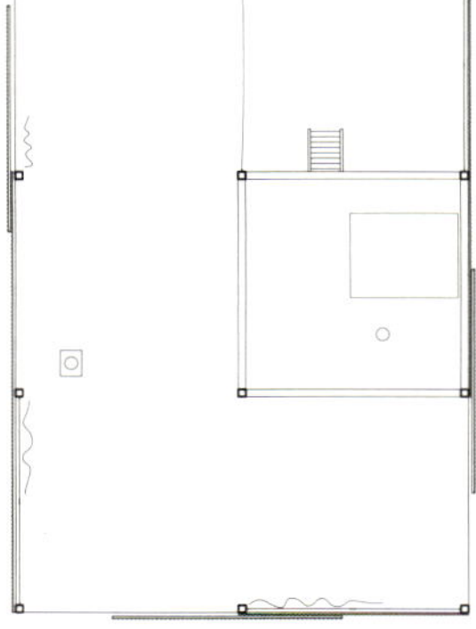

Planta superior / Upper floor plan

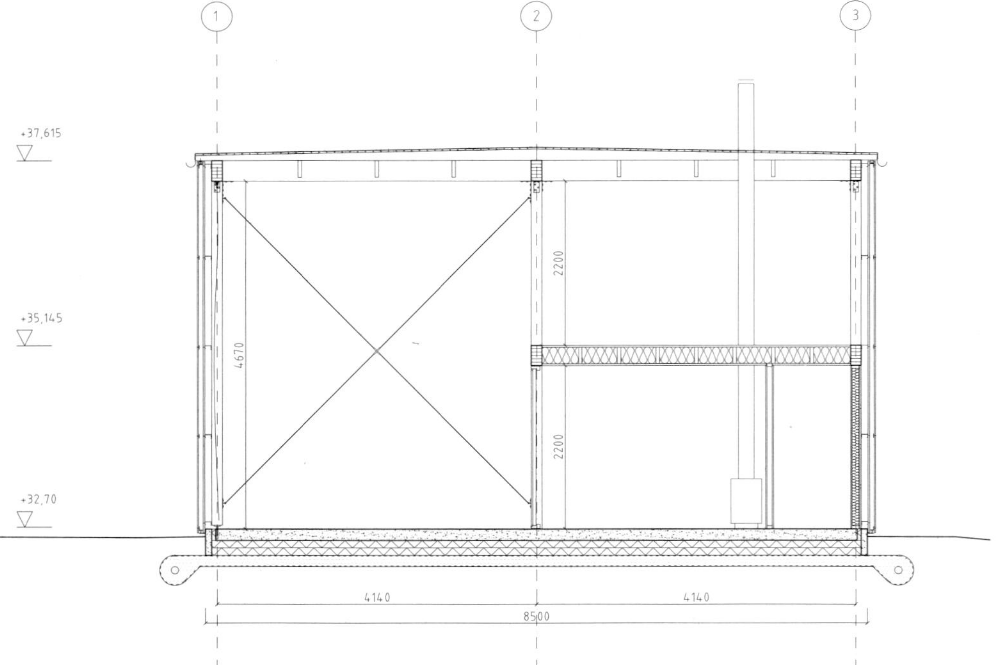

Sección longitudinal acotada / Dimensioned longitudinal section

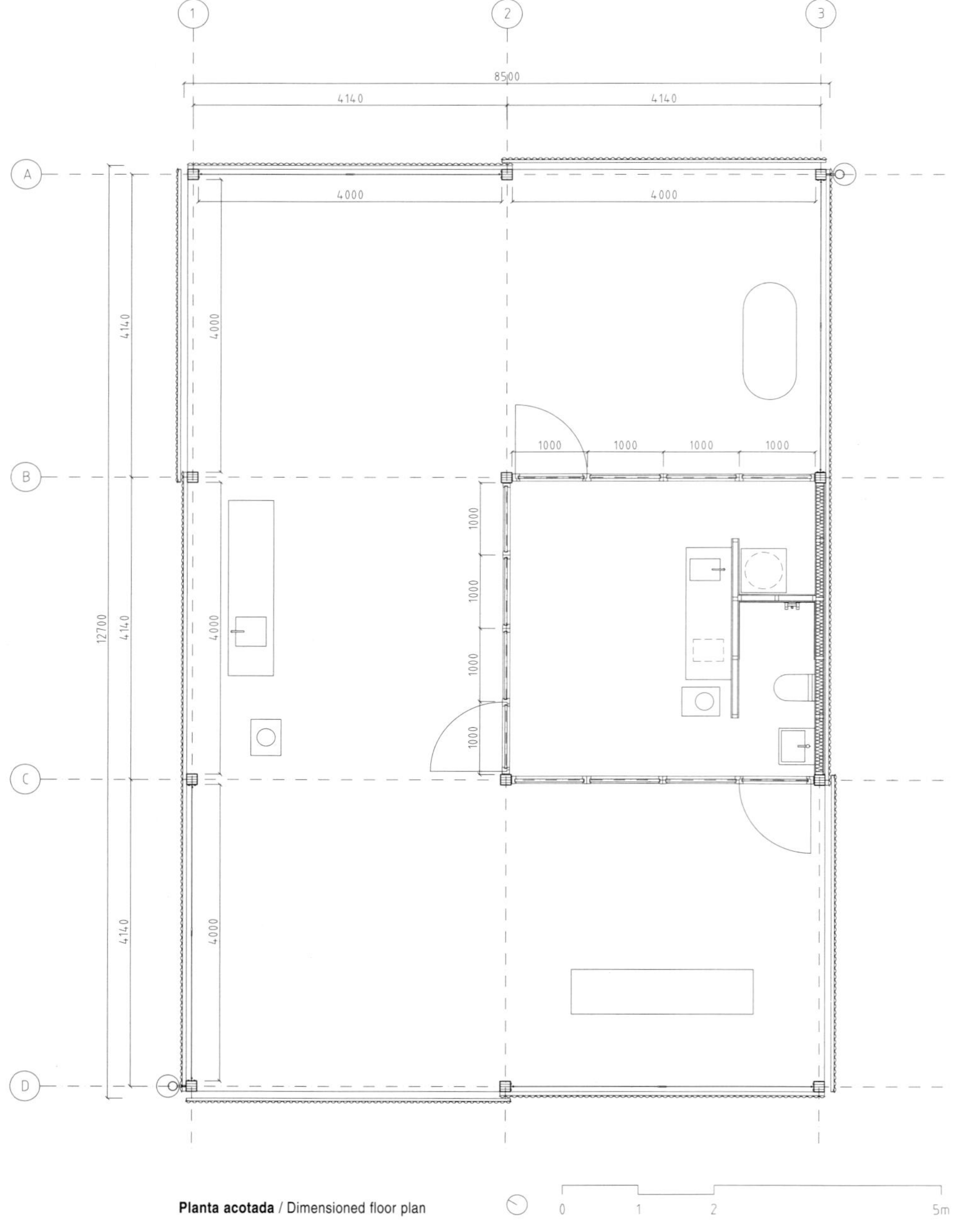

Planta acotada / Dimensioned floor plan

La cuestión energética, que genera constantes cambios en la economía a escala global, también ha ido influyendo en este proyecto como parte vital del proceso. El edificio ha ido casi desarrollándose por sí mismo. Se ha pasado mucho tiempo en el lugar sin disponer de un refugio. Se ha cocinado fuera. Se ha fijado una cubierta de tela a los árboles como protección frente a la lluvia. Se ha dormido en una tienda de campaña. Se han lavado los platos en el lago. Se ha hecho fuego con ramas cogidas del suelo.

Las preguntas sobre cómo construir de manera más sencilla o cómo vivir de manera más sencilla han sido centrales en el proceso. Se trata de un pabellón liviano situado entre los árboles y hecho con una cantidad mínima de pilares y vigas de dimensiones estándar y sin cortes, sin desperdiciar nada, con barras de acero de perfil L y pernos para conectar las diferentes partes. Los pilares tienen 5 metros de altura y el espacio interior 8x12 metros. El pavimento de hormigón cubre 30 m² y el resto se deja como suelo fértil. El primer espacio independiente que se construirá tendrá una superficie de 15 m² y alojará el equipamiento técnico, un aseo y un fregadero; después, una pequeña cocina y una estufa para porporcionar calor. También habrá un espacio abierto con sitio suficiente para una mesa o una cama.

La estructura de madera se cubrirá con fibra de vidrio, un material que resulta económico y duradero y que filtra la luz de una manera hermosa. El espacio estará protegido de la lluvia y el viento y aprovechará la radiación solar para calentarse. Si es necesario, una segunda estufa calentará ese espacio abierto y lo hará más confortable. Unos desagües recogerán el agua, y unas grandes puertas correderas abrirán el volumen en todas las direcciones.

The energy for constantly tackling shifts in the global economy has been shifting as well, but is a vital part of the development. The building has almost been developing itself. A lot of time has been spent on the site without a house. Cooking outside and sheltering from the rain under a fabric roof attached to the trees. Sleeping in a tent, washing in the lake and making fire from branches found on the ground.

Questions of how to build and how to live more simply have been central to the process. A lightweight pavilion among the trees made of minimal quantity of pillars and beams in standard dimensions without cuts. No waste. L-steel and bolts connecting the parts. The pillars are 5 m high and the space inside is 8 x 12 m. The concrete floor is 30 m² and the rest is left as fertile soil. The first insulated space to be built will be 15 m2 containing technical equipment, a toilet, and a sink and a small kitchen and a stove to make heat. An open space enough for a table or a bed.

The wooden structure is covered with glass fibre, a material that is cheap, durable and filters the light beautifully. The space will be protected from rain and wind and use the sun's heat for warmth. If needed, a second stove heats that uninsulated space and provides for comfort. Drainpipes collect water. Large sliding doors open the volume in all directions.

→ **Espacio interior-exterior** / Interior-exterior space

El interior tiene generosas dimensiones, es abierto e indefinido y se irá descubriendo en los próximos años. Nosotros mismos podremos ir agregando nuevos espacios independientes. Unas cortinas técnicas controlarán el calor, la radiación solar y la privacidad. Se plantarán hortalizas y flores. Habrá presencia del agua y los animales. Se verá crecer la vida.

The inside is generous in size, open and undefined, to be discovered the coming years. We can always add new insulated spaces. Technical curtains control heat, sunlight and privacy. Vegetables and flowers are planted and there are animals and water. To see life grow.

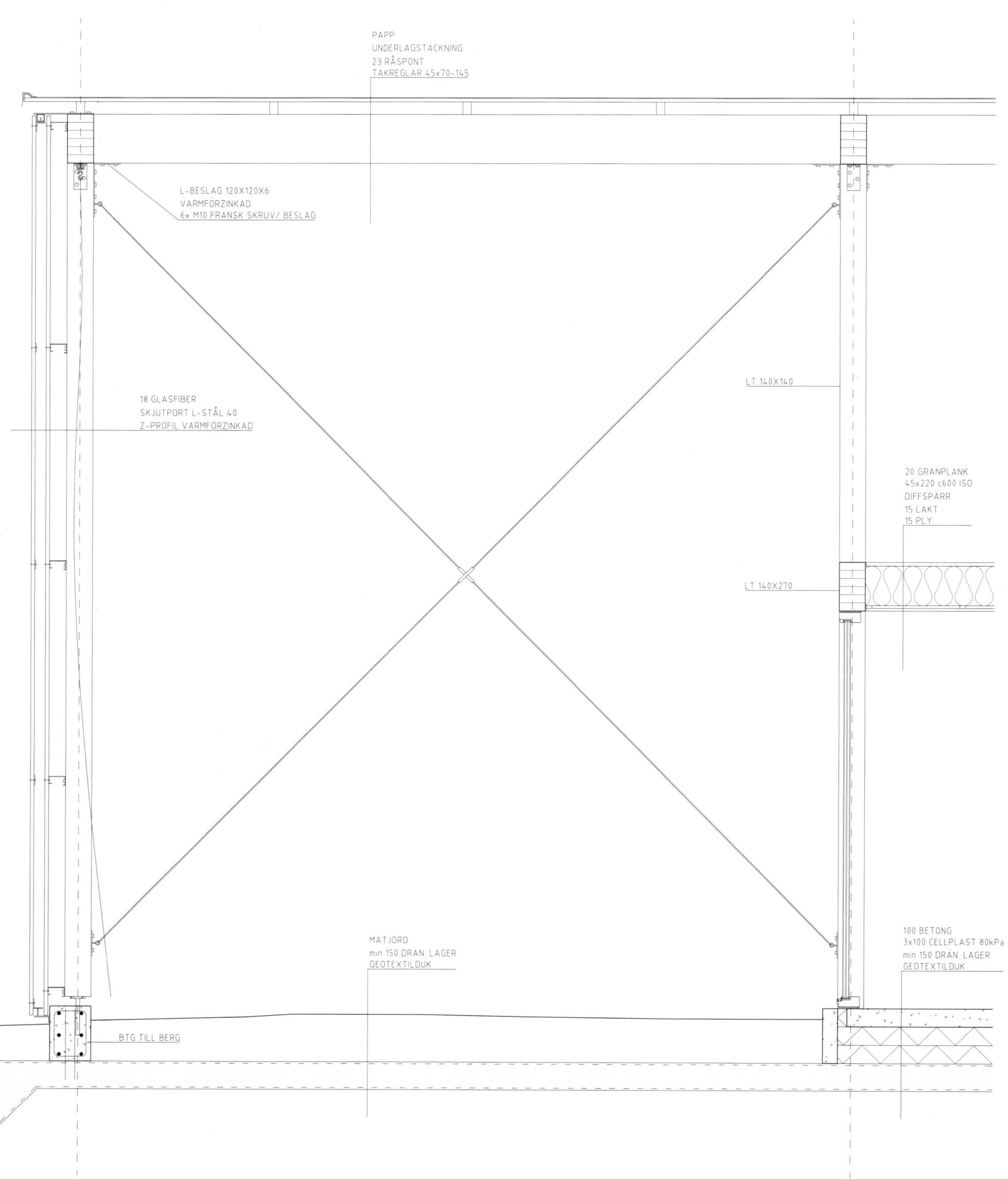

Sección constructiva por fachada / Construction wall section

→ **Fachada Noroeste** / Northwest facade

Planta de situación / Site plan

Boken es un proyecto urbanístico en curso que gestiona cuidadosamente el desarrollo de un barrio situado en el centro de la ciudad de Vetlanda, en el sur de Suecia. El plan urbanístico de 1937 tiene una estructura de bloque cerrado que nunca llegó a completarse, y que ha quedado fragmentado por los edificios que se han ido agregando o eliminando a lo largo de los años. Un particular lanzó una pregunta abierta sobre qué tipo de urbanismo podría resultar realista, adecuado y útil. La ciudad es pequeña y tiene una población de alrededor de 10.000 habitantes.
Inicialmente se realizó un estudio sobre las actividades y las necesidades de la ciudad y de un área alrededor de ésta, de un radio aproximado de 100 kilómetros y conectada a la red de trenes existente.
En la manzana existe un cine de la década de los treinta con capacidad para 30 butacas que necesitaría ser ampliado, debido a su popularidad, y que resulta demasiado pequeño para ser un negocio viable. Actualmente, una pequeña sala que pertenece a una escuela se utiliza para conciertos locales, pero existe una necesidad ciudadana de una sala de conciertos de mayores dimensiones. También haría falta una escuela de música y una biblioteca pública, y además, se necesitaría contar con pequeños espacios de oficina temporales. Y, como consecuencia de todos estos programas, se requeriría también de un restaurante.

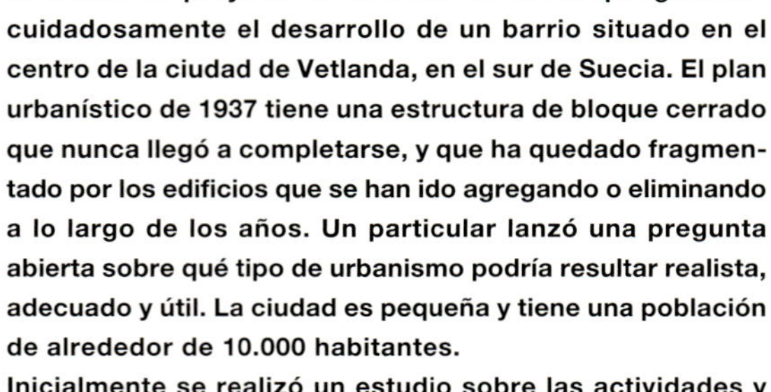

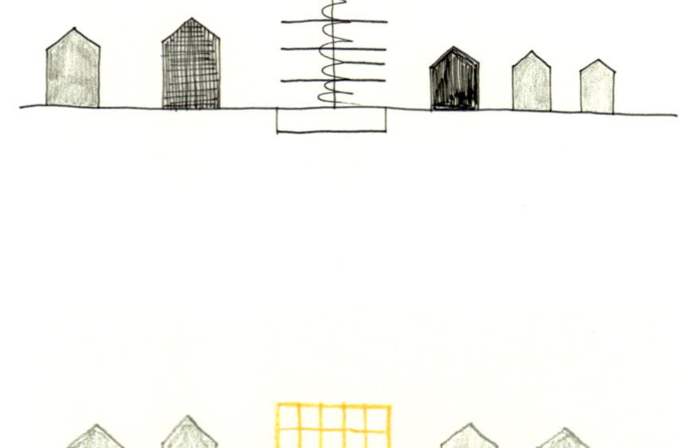

Croquis / Sketches

Edificio Híbrido Boken

Hybrid Building Boken

VETLANDA, SWEDEN. 2020-

Boken is an ongoing urban development project that carefully manages the development of a neighbourhood in central Vetlanda, in southern Sweden. The city plan from 1937 has a closed block structure but this has not been completed and has been fragmented by the buildings that have been continuously added or removed over the years. A private individual asked an open question about what kind of development might be realistic, suitable, and useful. The town is small with a population of around 10,000. Initially, existing activities and needs in the city were explored, as well as in a larger area of approx. 100 km radius connected to the existing train network.
A cinema from the 1930s with 30 seats is part of the block and requires expansion, as it is popular but too small to be a viable business. At the moment, a small hall belonging to a school is used for local concerts but in the surrounding area there is a general demand for a larger concert hall. The district also needs a music school and a public library as well as temporary and smaller office spaces. And, as a result of these plans, a restaurant would also be needed.

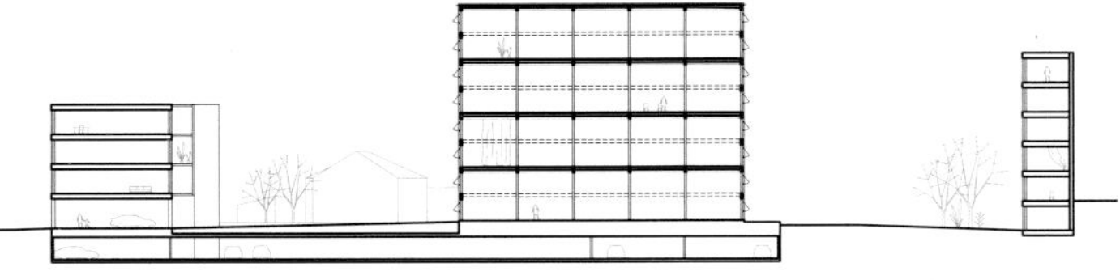

Sección longitudinal / Longitudinal section

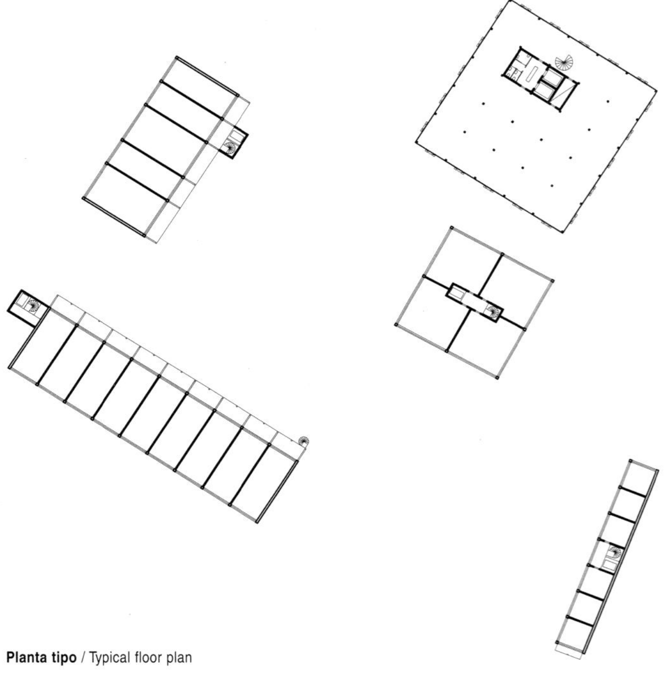

Planta tipo / Typical floor plan

Planta baja / Ground floor plan

El primer edificio del barrio será una estructura robusta, un edificio híbrido capaz de incluir una variedad de programas que contribuirán a la creación de un todo económico sostenible y prolongado en el tiempo. El edificio se puede usar libremente y sus espacios pueden adaptarse. Evolucionará en función de las necesidades y comportamientos cambiantes de sus usuarios. Tras optar por la construcción de un edificio flexible, se analizaron y se probaron diversos armazones y sistemas estructurales para conseguir, dentro del ajustado presupuesto general, una estructura genérica con una capacidad de 10 kN/m². Vetlanda se encuentra en medio de los frondosos bosques de Småland, así que la decisión de utilizar un armazón de madera laminada, talada y procesada localmente, surgió como algo natural. Se utilizarán unas dimensiones estándar —vigas y pilares de 6 metros— que permitirán añadir plantas adicionales cuando sea necesario. Los conductos de agua y saneamiento, las instalaciones eléctricas, los grandes montacargas y las escaleras se ubican en un núcleo estabilizador vertical de hormigón que también cuenta con la posibilidad de alojar un sistema de ventilación mecánico. La ambición es que el edificio se gestione con la menor cantidad de instalaciones técnicas posible, y que la ventilación sea natural en general. Existe la opción de conectar al núcleo aquellos programas que requieran un clima controlado.

The first building in the neighbourhood will be a robust structure: a hybrid building that can include a variety of programs that will work together to create a sustainable and long-term economic whole. The building is free to use or adapt and evolves based on changing needs and behaviours. Following the decision to build a flexible building, various frames and systems have been analysed and tested in order to achieve a generic structure with a capacity of 10 kN/m2 within a tight overall budget. Vetlanda is in the middle of the deep forests of Småland and the choice of using a laminated timber frame from wood felled and processed locally was a natural one. Standard dimensions, 6 m beams and 6 m columns, are used, making it possible to add extra floors when needed. A vertical stabilizing core of concrete contains and water and sewage systems and large transport lifts and stairs. The shaft also contains the electricity supply and the possibility of mechanical ventilation. The ambition is for the building to manage with as few technical installations as possible. Ventilation is generally natural, with the option to connect programs to the core where air conditioning is required.

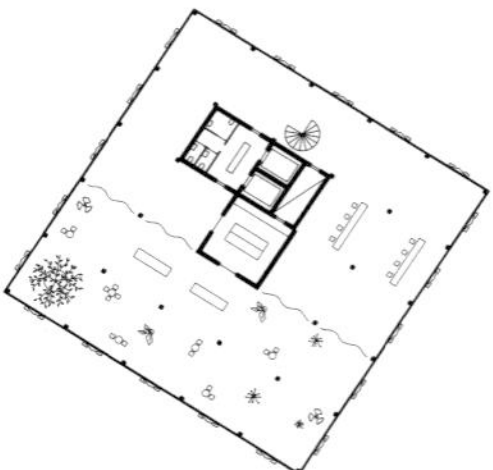

Restaurante / Restaurant

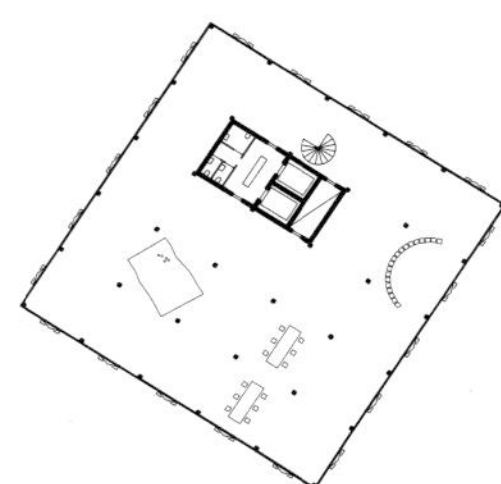

Taller / Workshop

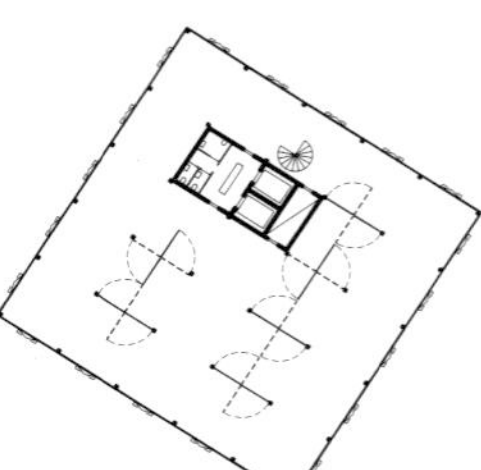

Galería / Gallery

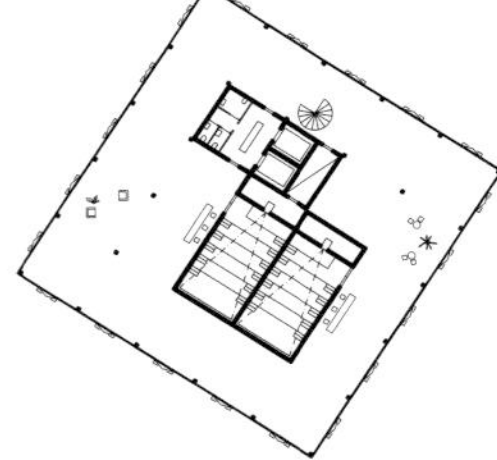

Cine / Cinema

Escenarios / Scenarios

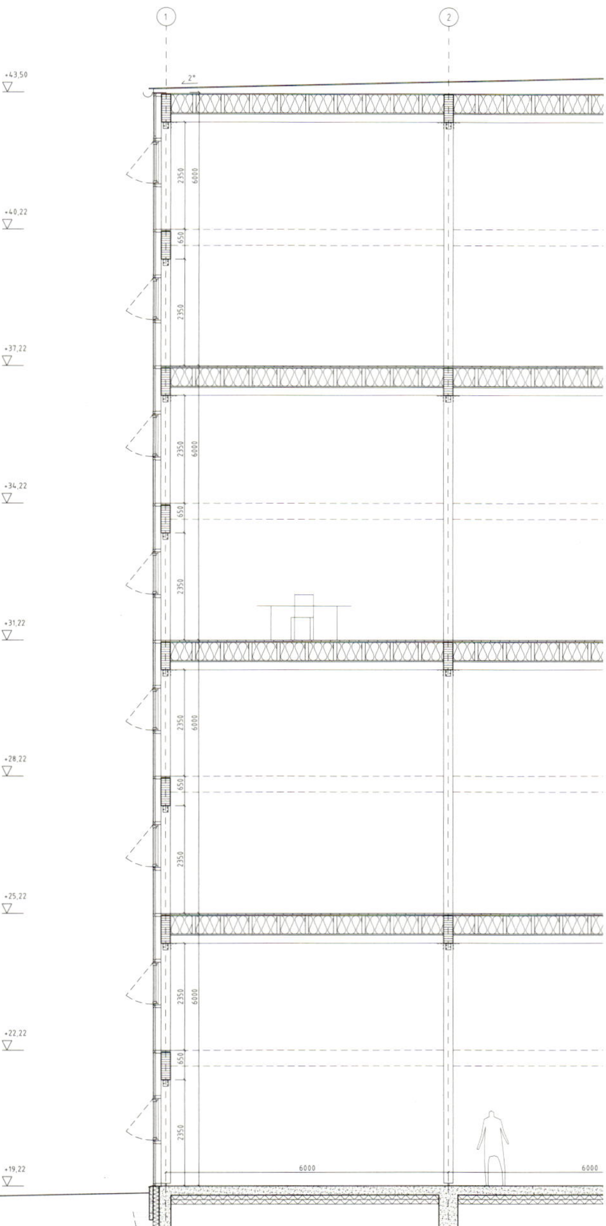

Sección longitudinal. Detalle / Longitudinal section. Detail

El armazón se cubre con una fachada de muro cortina suspendido. Una retícula de ventanas practicables permite la circulación natural del aire y el mantenimiento manual. Unas cortinas reflectantes controlan la luz y la temperatura. En la planta superior, una cocina servirá alimentos elaborados, en gran parte a partir de productos de cosecha propia. Se trata de un edificio abierto con muchas posibilidades, unos cimientos económicos y estructurales que servirán como cimientos de un lugar de vida y actividad. Un edificio que evolucionará con el tiempo junto con la vida de la ciudad y su contexto.

There is a suspended curtain wall facade on the outside of the frame. A grid of openable windows allows natural air flow and manual maintenance. Reflective curtains control light and temperature. On the top floor, a kitchen will serve food largely made from ingredients grown right here. It will be an open building with platforms of possibilities; an economic and structural foundation that will act as a foundation for a place with life and movement. The building will develop over time together with the life of the town and its context.

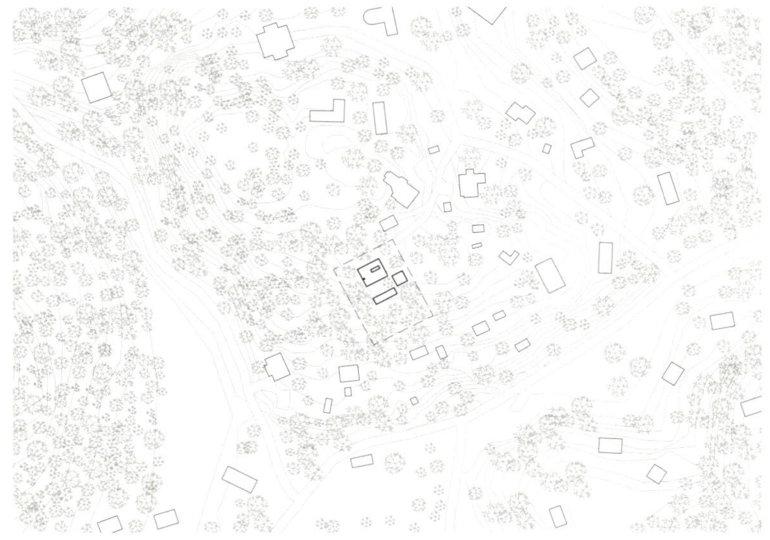

Plano de situación / Site plan

Croquis / Sketches

La zona era inicialmente un entorno rural con algunas casas de vacaciones a donde la gente de la ciudad acudía con fines recreativos. En los últimos años, las casas más pequeñas se han ido convirtiendo, en su mayoría, en viviendas permanentes. El cliente —un carpintero que construyó una de nuestras primeras casas— adquirió un terreno y nos pidió que diseñáramos su propia casa.
Dado que tenía la intención de construir él mismo la casa en su totalidad, su único deseo fue que la estructura de los muros pudiera ser montada en el suelo y luego levantada con la ayuda de un camión grúa. Utilizar este tipo de camión resulta costoso, por lo que fue necesario minimizar el número de movimientos de la grúa. Además, la geometría debía ser simple para permitir unos tiempos de construcción cortos y eficientes. El primer paso fue construir dos muros ciegos sobre una losa de hormigón, entre los que se colocan dos entramados de madera sobre los que se instalan directamente las carpinterías. Uno vuelca a un jardín privado y otro mira al bosque.

CASA VELAMSUND

SALTSJÖ-BOO, SUECIA 2021 2022

The area was initially a rural environment with some holiday homes where people from the city could go for leisure purposes. In recent years, the smaller houses have mostly been replaced by permanent ones. The client, a carpenter who built one of our first houses, had acquired a plot of land in the area and asked us to design his house for him.

As the client was going to build the house entirely himself, his only wish was that wall elements should be built on the ground and then raised with the help of a crane truck. Using a crane truck is costly, so it was necessary to use as few crane lifts as possible. Simple geometry was also needed for short and efficient construction time on the ground. Two closed walls were built and initially erected on top of a concrete floor slab. Between the walls, glass sheets are mounted directly against a wooden frame. One side faces a private garden while the other faces the forest.

VELAMSUND HOUSE

SALTSJÖ-BOO, SWEDEN 2021 2022

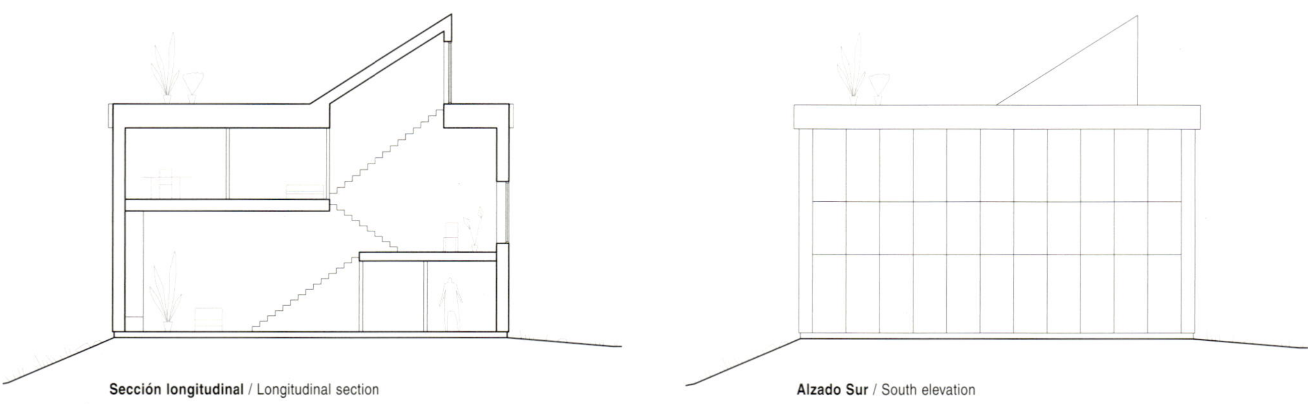

Sección longitudinal / Longitudinal section

Alzado Sur / South elevation

Fachada Este. Acceso principal / East facade. Main access

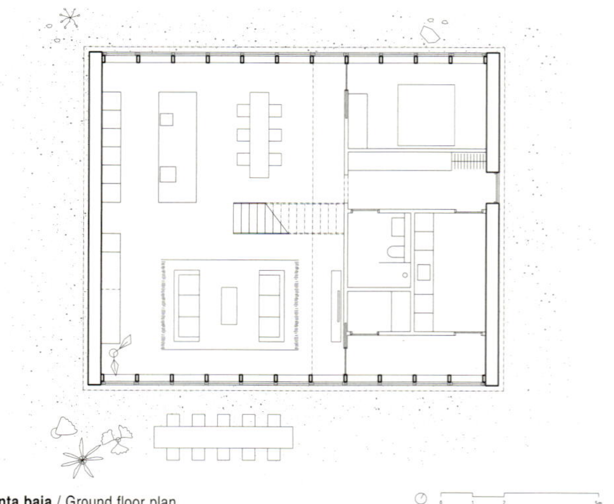

Planta baja / Ground floor plan

Planta superior / Upper floor plan

Acceso a la piscina / Pool access

Sala de estar / Living room

→ **Sala comedor con vistas al jardín trasero** / Dining room looking onto rear garden

Dos plataformas quedan suspendidas a diferentes niveles entre las dos fachadas acristaladas, proporcionando alturas libres diferentes, que oscilan entre unas más bajas e íntimas y otras más generosas a modo de estudio. Las plataformas también participan en la comunicación vertical y actúan como rellanos de una escalera que parte del suelo, un espacio entre los árboles, y llega hasta una terraza jardín, desde la que se disfruta de amplias vistas sobre el acceso a Estocolmo por mar. Bajo el alero sur se instala un toldo que proporciona sombra y cubrición al patio si surge la necesidad. La casa fluye con la luz natural y disfruta de una conexión sin obstrucciones con el exterior.

Two floors are suspended like platforms between the two glass facades. They are placed on different levels to provide varied ceiling heights, from low and intimate to generous and studio-like. The floors also act as vertical communication, like a staircase between the ground among the trees and the roof garden, with an open view of the sea entrance to Stockholm. Under the eaves to the south, an awning is mounted, to gain shade and act as a roof above the patio if needed. The natural light flows into the house, with an unobstructed connection to the outside.

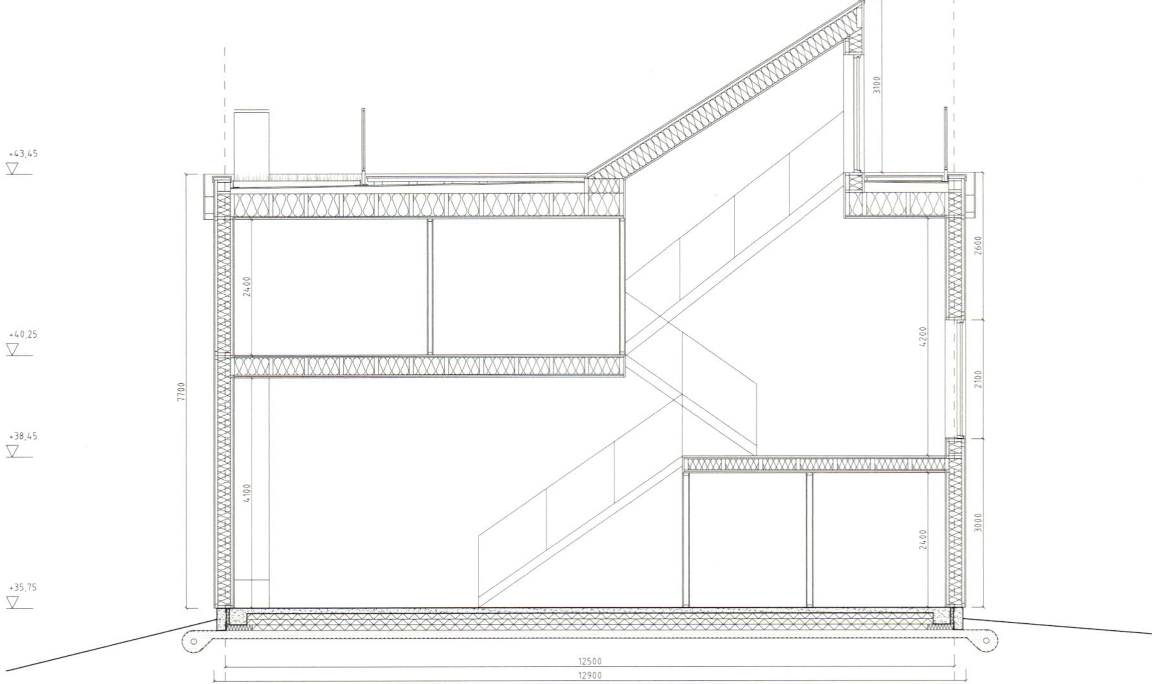

Sección longitudinal acotada / Dimensioned longitudinal section

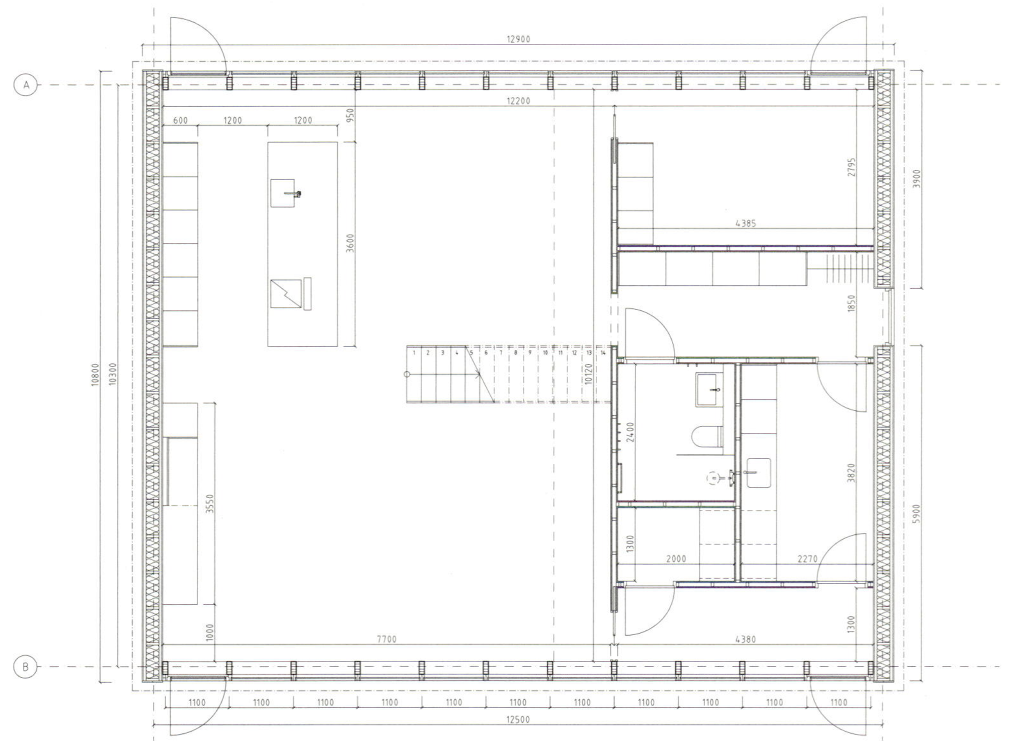

Planta acotada / Dimensioned floor plan

→ **Espacio de estudio en la entreplanta** / Mezzanine studio

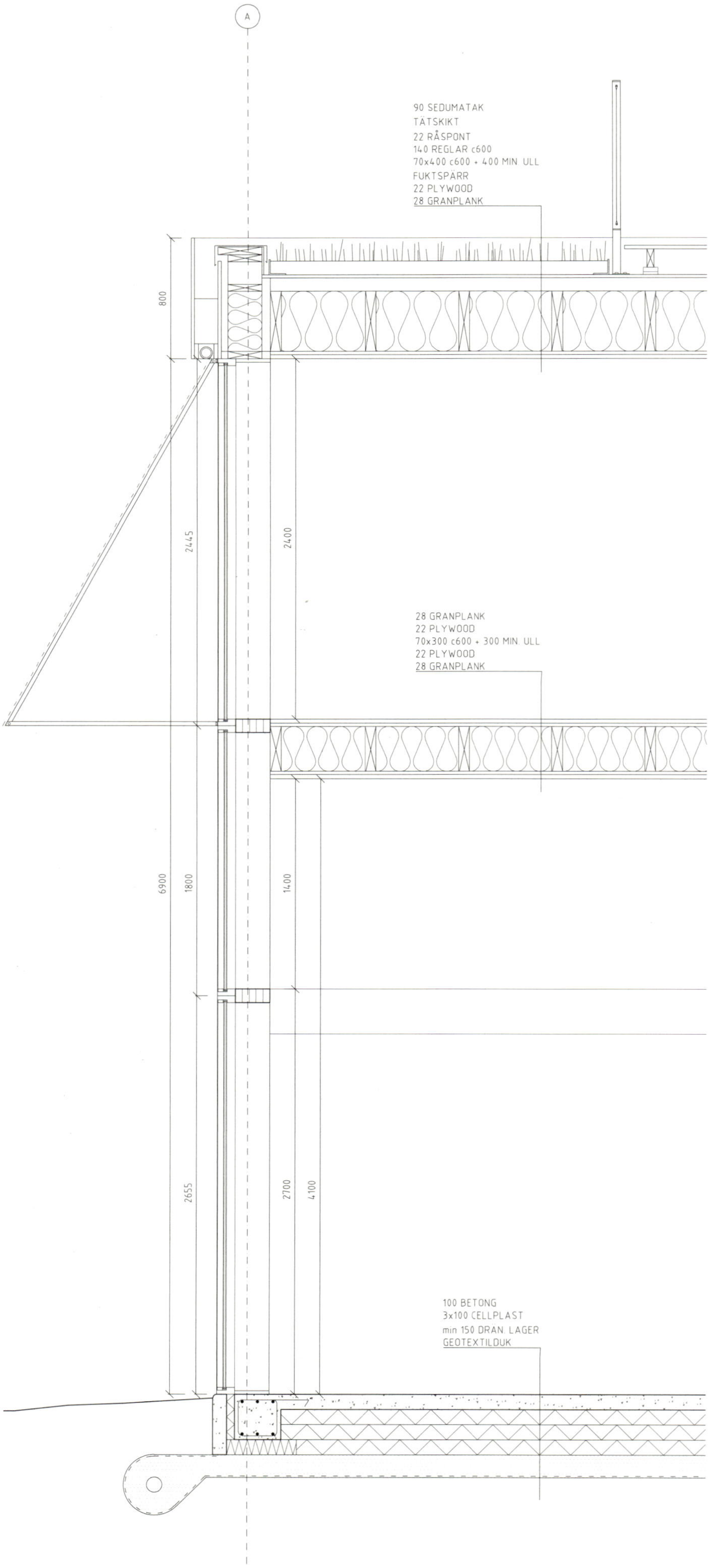

A

90 SEDUMATAK
TÄTSKIKT
22 RÅSPONT
140 REGLAR c600
70x400 c600 + 400 MIN. ULL
FUKTSPÄRR
22 PLYWOOD
28 GRANPLANK

800
2445
2400

28 GRANPLANK
22 PLYWOOD
70x300 c600 + 300 MIN. ULL
22 PLYWOOD
28 GRANPLANK

6900
1800
1400
2655
2700
4100

100 BETONG
3x100 CELLPLAST
min 150 DRÄN. LAGER
GEOTEXTILDUK

Sección constructiva de fachada / Construction wall section

→ **Fachada Norte** / North facade

Planta de situación / Site plan

El año pasado se desarrolló un concepto de producción en serie de unidades residenciales pequeñas, cuya ambición era hacer posible que las personas con ingresos bajos pudieran obtener un pequeño préstamo y comprar su propia casa. La producción es, en este caso, un factor clave para que la construcción y la instalación resulten sumamente rentables. Las piezas se construyen como los paquetes planos y optimizados de una fábrica, para reducir el transporte al mínimo posible.
El concepto ha demostrado ser realista y popular, y ahora requiere un espacio más grande para su fabricación que permita aumentar drásticamente la capacidad de producción.
En las paredes de las unidades residenciales se utiliza uno de los componentes de madera más comunes: los montantes de pino sin tratar de 45x170, un material que puede encontrarse prácticamente en todas partes y que resulta barato. Se decidió construir la nueva fábrica, de 50x100 metros y 10 metros de altura, utilizando únicamente este componente.
Las máquinas y los robots que realizarán el trabajo dentro del edificio requieren un vano libre de unos 12 metros, y se investigaron varias formas de conexión entre los componentes para formar los pilares y las vigas que pudieran salvar esa luz.
Se evitaron los cortes oblicuos y, en su lugar, se utilizaron elementos combinados rectos y repetitivos para conformar la estructura. Para un montaje rápido, los montantes de pino se ensamblan mediante un perno pasante. Una estructura de cerchas, de 2 metros de altura, descansa sobre una trama de soportes de 2 metros de anchura y 10 metros de altura, que sirve para estabilizar la estructura en una dirección. Envolviendo la trama de soportes y vigas se dispone una estructura arriostradora más ligera que a su vez sujeta la fachada: una capa de policarbonato aislante de 60mm.

Croquis / Sketches

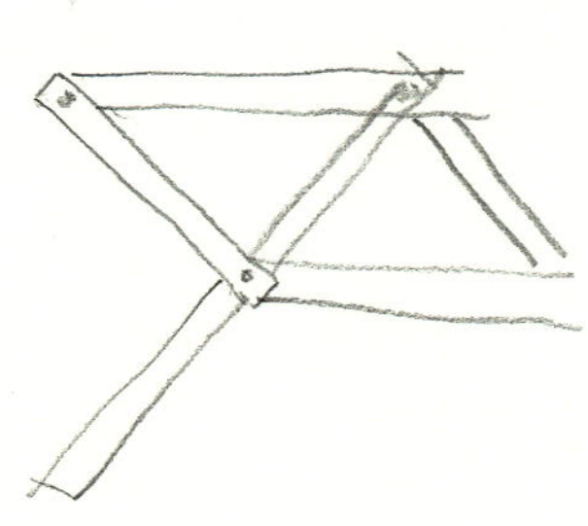

Last year a concept of producing series of smaller housing units was developed. The ambition was to make it possible for people with low incomes to get a small loan so they could buy their own house. Production is key to making the construction and installation extremely cost effective. The parts are being built as optimized flat packages in a factory to keep transport requirements to a minimum.
The concept has proved to be realistic and popular and now requires a larger factory space to drastically increase construction capacity.
One of the most common wooden components — untreated 45 x 170 pine studs — are used in walls for the housing units. The material can be found basically everywhere and is cheap to buy. There was an interest in building the new factory, 50 x 100 m and 10 m high, only using this component.
The machines and robots that will do the work inside the building require a free span of about 12 m, and several ways of connecting components into columns and beams were researched.
Oblique cuts were avoided, instead straight and repetitive combined components make up the structure. The pine studs are connected with a through-bolt for rapid assembly.
A 2 m high truss beam rests on columns 2 m thick and 10 m tall. The pillar stabilizes the structure in one direction. Outside the columns and beams there is a lighter stabilizing structure that holds the facade: a layer of 60 mm insulating polycarbonate.

Edificio Industrial Fabriken
Factory Building Fabriken

NORRTÄLJE, SWEDEN, 2021-

El interior no necesita tener iluminación diurna, y el calor que se desprende de la maquinaria contribuye a calentar el espacio. Los colectores solares de la cubierta producen electricidad para el funcionamiento de las máquinas. La organización de la fábrica es sencilla: en uno de los extremos, un camión entrega las materias primas a través de unas compuertas rodantes; los materiales se procesan en línea recta, y los elementos terminados se recogen a través de otras compuertas situadas en el extremo opuesto. Se espera que la fábrica esté activa en 2023.

The inside does not need to be lit during the day. The machines produce heat that helps warm up the space. Solar panels on the roof produce electricity for the machines. The organization in the factory is straightforward. A truck delivers raw materials at one end through roller gates. Materials are processed in a straight line and the finished elements are picked up through roller gates on the other side. The factory is expected to be operational in 2023.

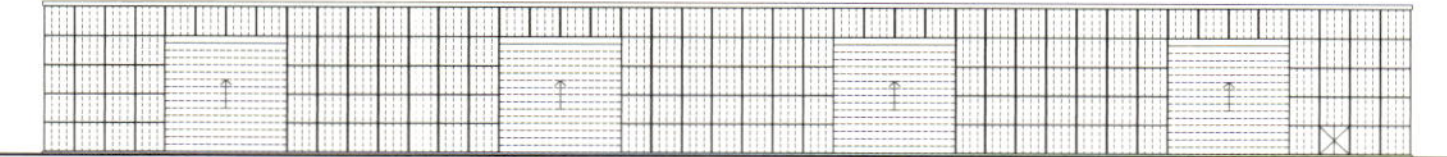

Alzados Oeste y Este / West and East elevations

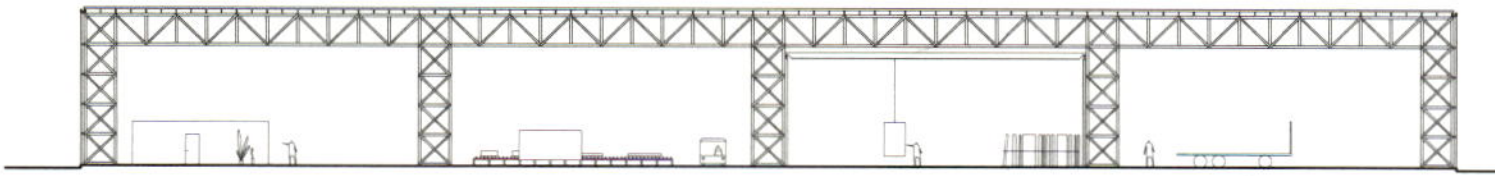

Sección transversal / Cross section

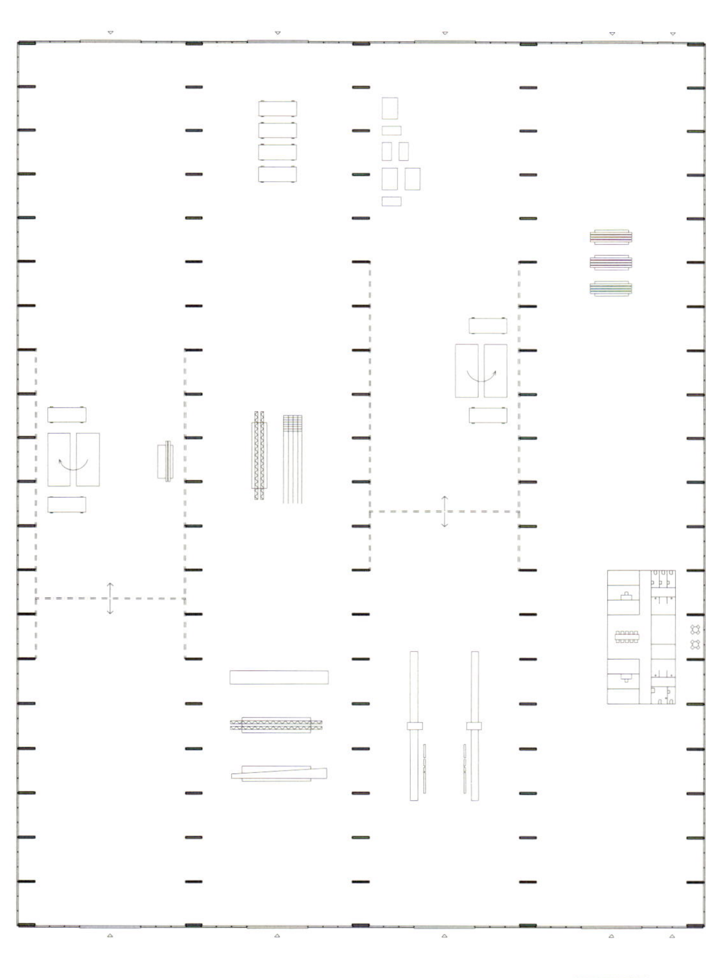

Alzados Norte y Sur / North and South elevations

Planta / Floor plan

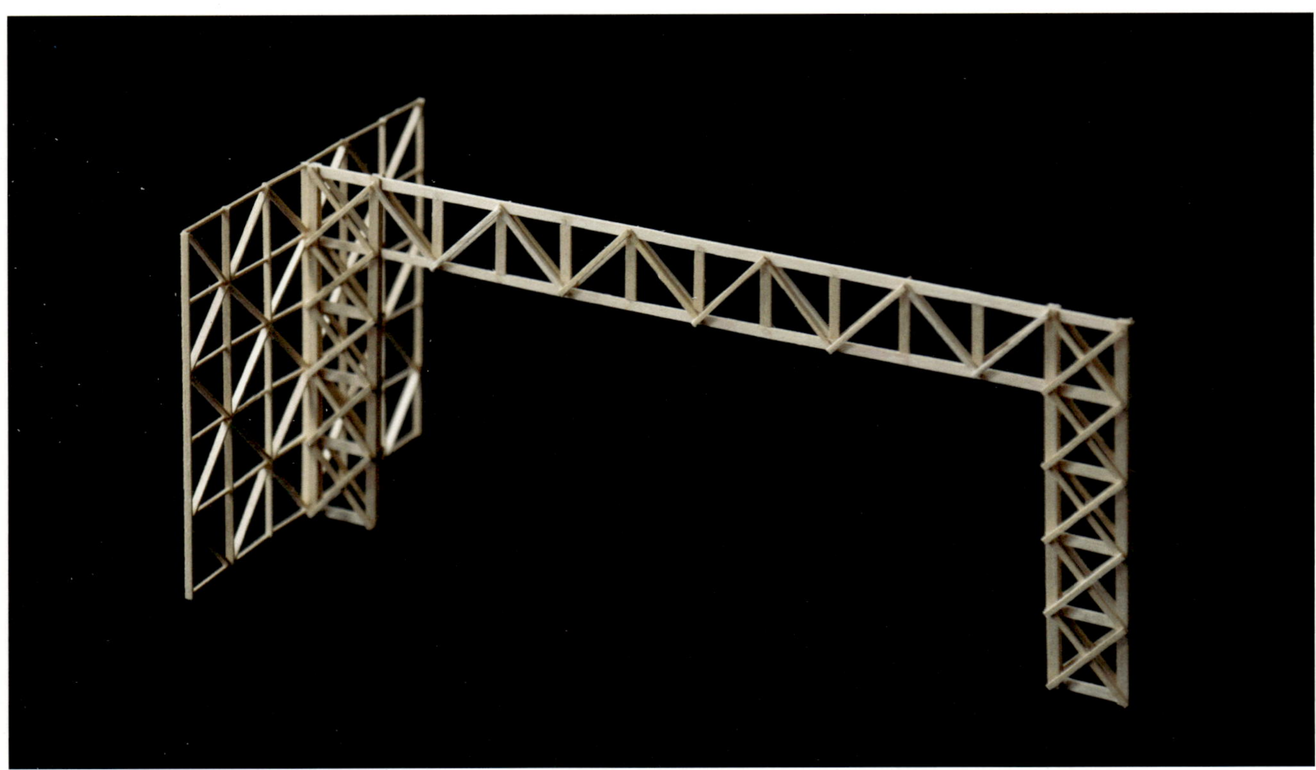

Estructura. Maqueta parcial / Structure. Partial model

Sección longitudinal. Detalle / Longitudinal section. Detail

→ **Fachada Este** / East facade

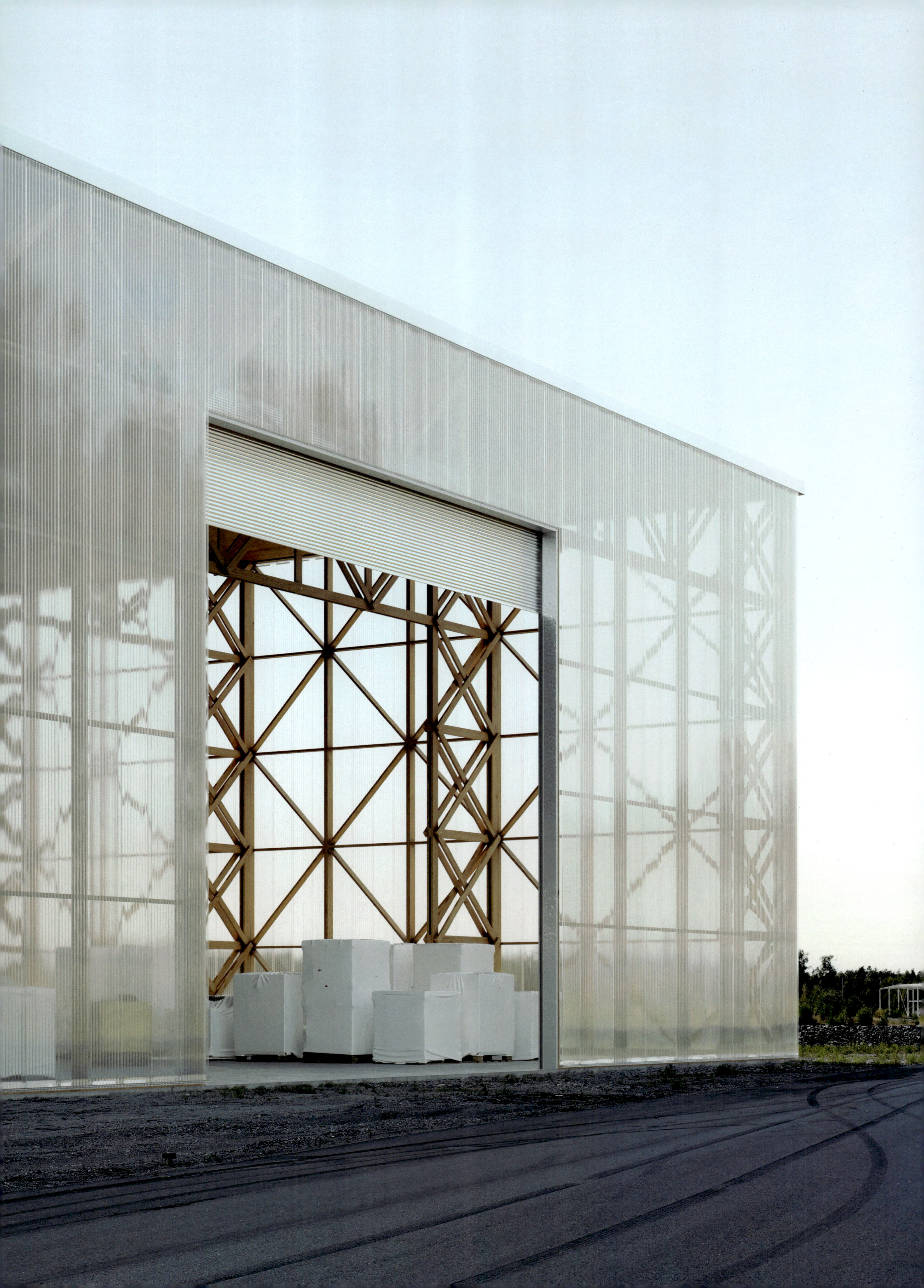

Planta de situación / Site plan

Mälarhöjden es un proyecto residencial que comenzará a construirse en 2023. La propuesta ilustra una parte importante del desarrollo de nuestra práctica, y también es un punto de inflexión desde el punto de vista de las necesidades de los residentes. Plantea reflexiones acerca de la necesidad y la suficiencia. Se cuestiona cuál es la base para realizar una vivienda con cualidades extendidas y también qué partes de la misma se pueden reducir para aumentar el tamaño de otras. Cambiar los comportamientos heredados no es fácil, pero es importante plantearse estas cuestiones.

El solar, situado al noroeste de Estocolmo, tiene una ubicación interesante con cualidades únicas en sus dos lados largos. Al este hay un bosque de rocas, abedules, pinos y robles. Hacia el oeste, una amplia vista hacia otros edificios más bajos y el magnífico sol de la tarde. El proyecto prevé un volumen alargado y estrecho con dos alturas diferentes: 7 niveles al norte y 6 niveles al sur, y dividido en dos partes. La parte sur se eleva sobre pilotes y bajo ella se dispone un aparcamiento para coches y bicicletas.

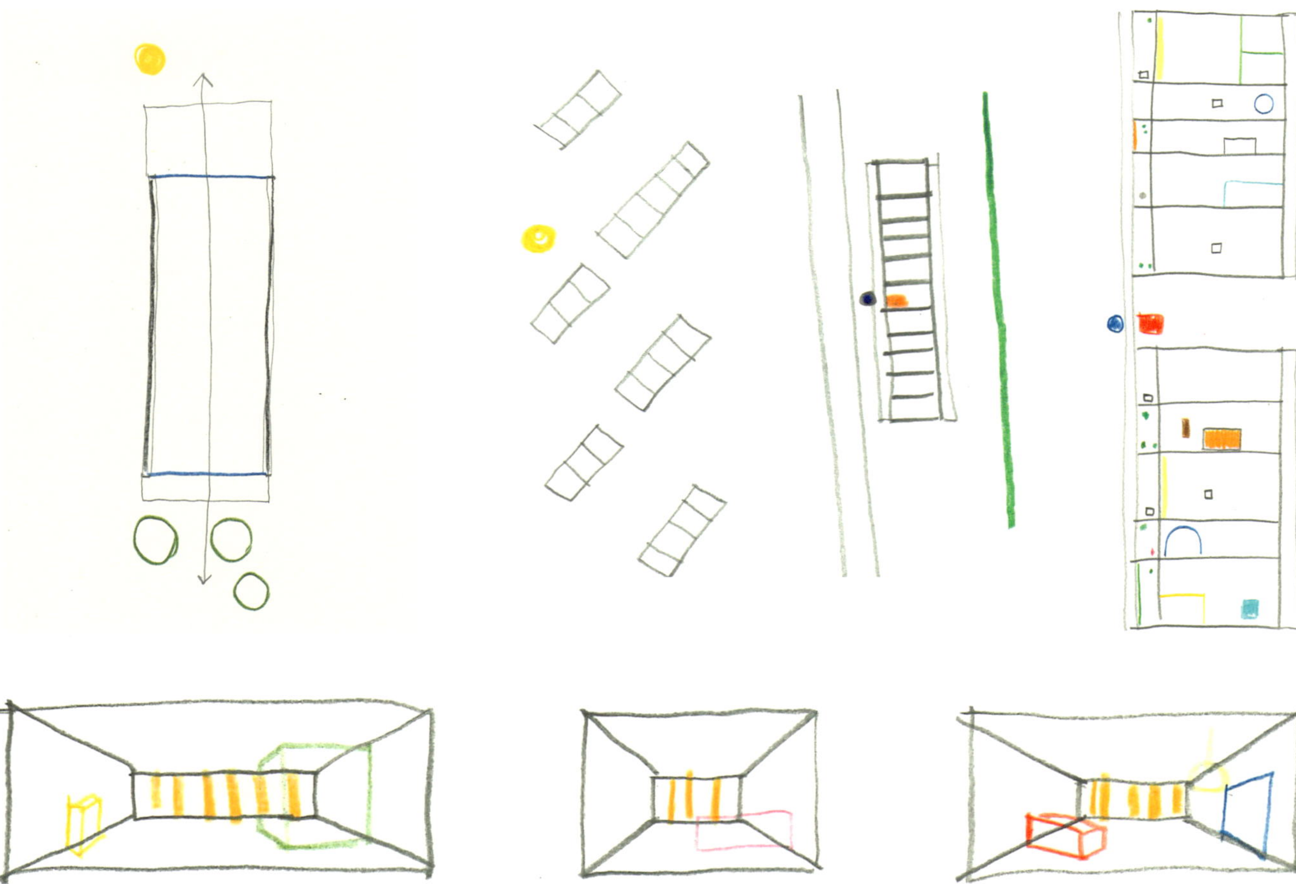

Croquis / Sketches

Mälarhöjden is a housing project for which construction in 2023. The approach is important for our development but also for the residents. There are questions about necessity, sufficiency and what makes a foundation for a home with extended qualities? Which parts can be reduced so others can be increased? Changing inherited behaviours is not easy but it is important to question them.

The site just northwest of Stockholm has an interesting location with unique qualities along the two long sides. To the east there is a forest with rocks, birch, pine and oak trees. To the west, an open view towards lower buildings and the magnificent evening sun. The plan allows for a long and narrow volume in two heights, seven floors to the north and six floors to the south. It is proposed to divide the volume into two parts. The southern volume is raised on pilotis with car and bicycle parking below.

Bloque de Viviendas Mälarhöjden

Mälarhöjden Housing Block

STOCKHOLM, SWEDEN. 2021-

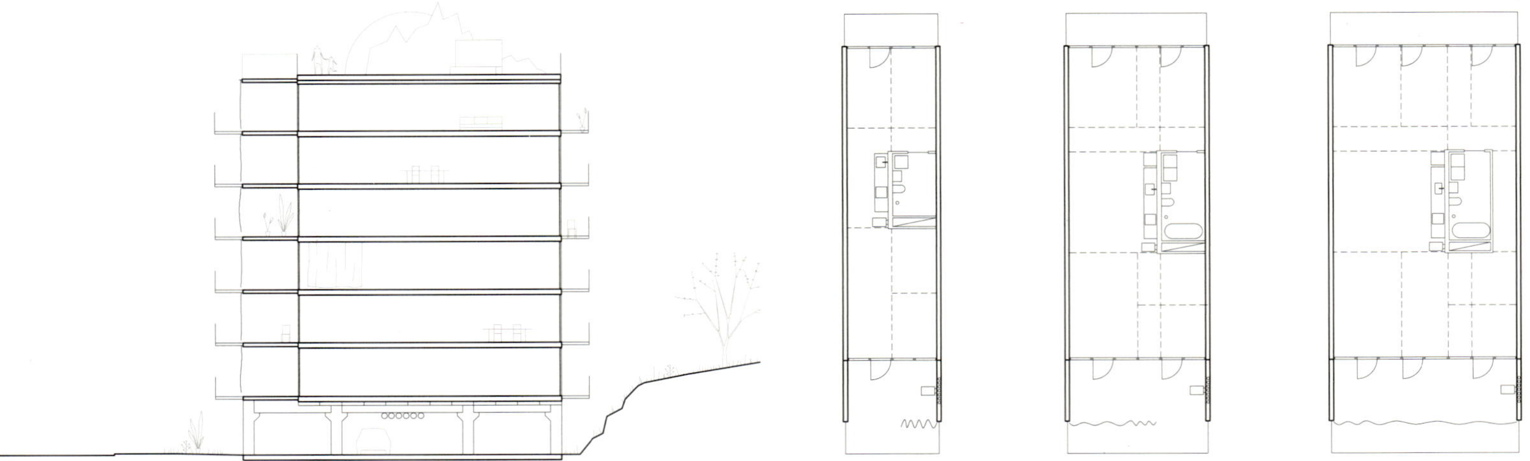

Sección transversal / Cross section

Apartamentos de 60m², 90m² y 120m² / 60m², 90m² and 120m² apartments

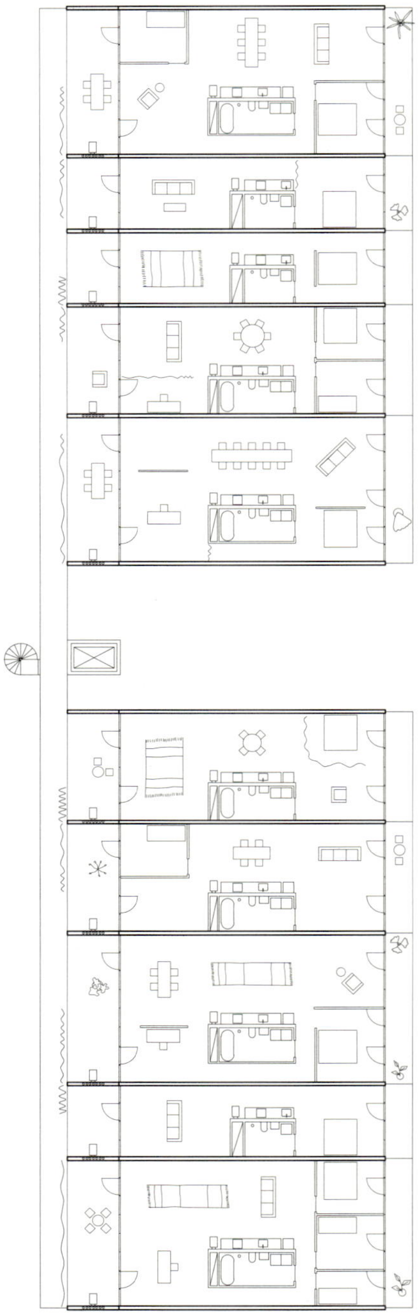

Planta tipo / Typical floor plan

Interior de un apartamento / Apartment interior

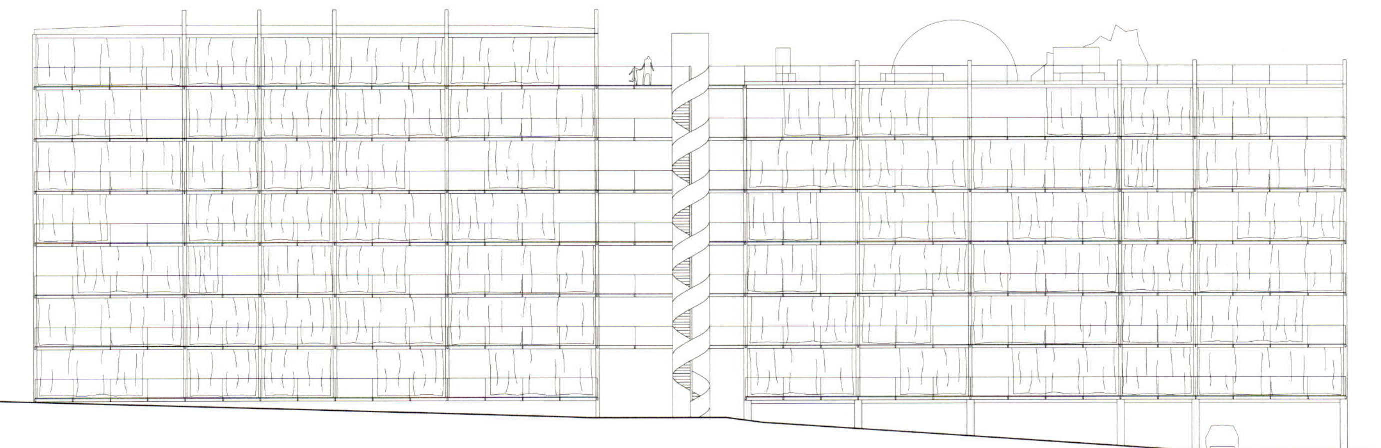

Alzado Oeste / West elevation

La estructura consta básicamente de dos elementos: los muros de carga de hormigón, de 200mm, que separan las viviendas, y las losas huecas prefabricadas que descansan sobre ellos, con un armado adicional en la parte superior.
La ambición es incrementar la superficie interior alrededor de un 30% por el mismo coste original. La distancia entre los muros es variable, lo que permite crear tres tamaños diferentes de apartamentos, de 60, 90 o 120 metros cuadrados, todos ellos con doble orientación.
Cada vivienda está provista de un patinillo al que se conecta el baño, la cocina y la estufa. Todo lo demás, incluidas las paredes interiores, puede ser construido por los propios residentes si así lo prefieren. La estructura de hormigón también sirve como un eficaz colector de calor/frío.

The construction basically consists of two elements: apartment-separating load-bearing walls of 200 mm concrete and, resting on top of them, prefabricated hollow deck slabs with an additional casting on top.
The ambition is to produce around 30% larger indoor area for the same original cost. The distance between the walls changes and makes three different sizes of homes: 60, 90 or 120 square metres. All of them face in both directions.
Each home is provided with a technical shaft that the bathroom, kitchen, and stove is connected to. Everything else, such as interior walls, can be built by the residents themselves if they like. The concrete structure also serves as an effective heat/cold collector.

Galería de acceso a los apartamentos / Public communication bridge between apartments

En el frente que da a la calle, se dispone en cada apartamento un espacio sin calefacción de 3 metros de profundidad: una zona semiprivada, entre la galeria de acceso suspendida, de carácter público, y el interior. En el límite hay una cortina de PVC transparente que se puede abrir o cerrar. Este tipo de cortina se utiliza normalmente en entornos industriales y tiene cualidades duraderas y protectoras. Durante los meses de verano, cuando queda cerrado, el espacio se convierte en una extensión del interior. Una segunda estufa situada aquí permite prolongar aún más el uso de este espacio, incluso utilizarlo también en un frío día de invierno.

Facing the street, there is an unheated 3 m deep space to each home that forms a semi-private zone between a suspended public communication bridge and the inside. At the boundary there is a transparent PVC curtain that can be closed or opened up. The curtain is normally used in industrial environments and has durable and protective qualities. When closed, the space becomes like an extension of the inside during the summer months. Another heater makes it possible to extend this period even further and also use the space on a cold winter's day.

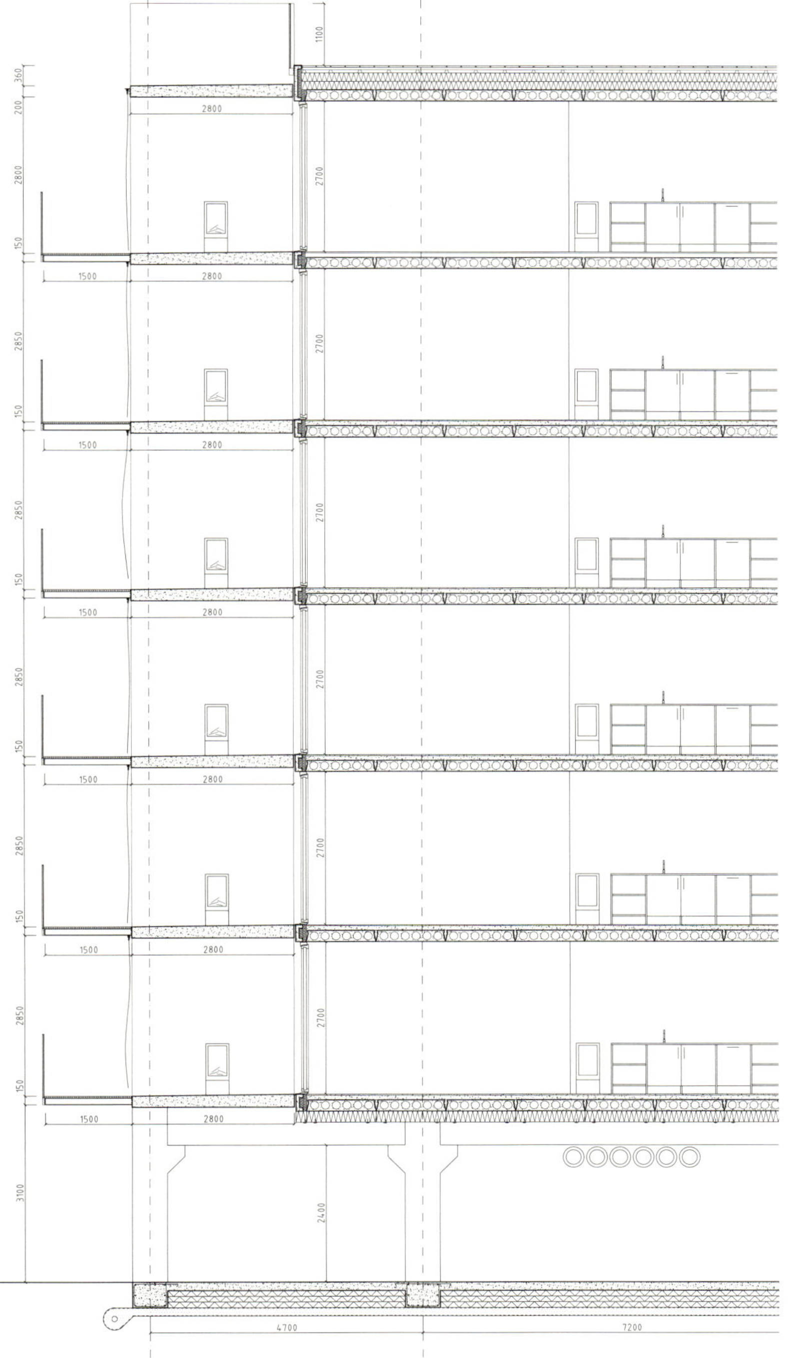

Sección constructiva por fachada / Construction wall section

Hacia la Luz

La Arquitectura de Arrhov Frick

Philip Ursprung

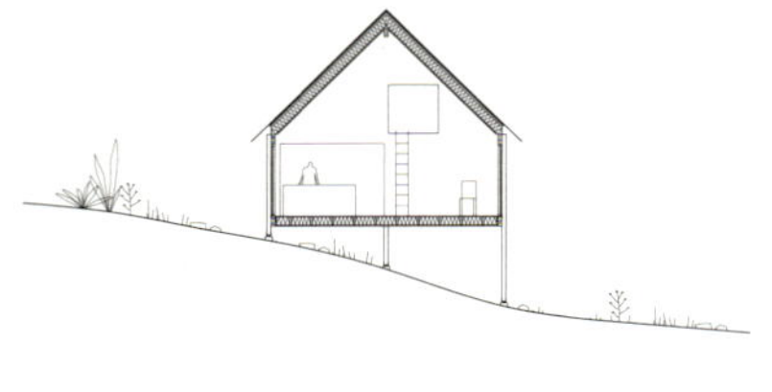

CASA EN VIGGSÖ
HOUSE IN VIGGSÖ
Varmdo, Stockholm Archipelago, Sweden, 2013/2016

En una tarde soleada de agosto de 2021, me senté a tomar un café en la terraza de madera de la Casa de vacaciones de Viggsö en compañía de Johan Arrhov y el propietario de la casa, situada en la isla extremadamente pequeña del mismo nombre, mientras disfrutábamos de las vistas hacia los islotes rocosos del archipiélago de Estocolmo. En aquel momento, todos los clichés del final del verano del norte de Europa se aunaron: el aire aún cálido; el olor perceptible del mar Báltico; la luz amarillenta del sol reflejada en las olas; la brisa suave removiendo el agua, y el paso, de vez en cuando, de una embarcación. Los chillidos de las gaviotas interrumpían el silencio. Por la pequeña playa se esparcían guijarros y conchas de mejillones. Crecían arándanos entre las rocas cubiertas de líquenes alrededor de la casa. Me enteré de que el grupo ABBA pasaba los veranos en unas cabañas cercanas, en la década de los setenta, y que muchos de sus grandes éxitos fueron compuestos aquí —por un momento me pareció escuchar a alguien tocando 'Waterloo'—. No me hubiera sorprendido que un reluciente bacalao del Báltico saltara de las olas y aterrizase directamente sobre nuestra mesa.

De inmediato me sentí como en casa. La luz y el aire inundaban la vivienda. La empinada cubierta y el elevado hastial extendían el generoso espacio de la sala de estar (la cubierta se ha construido con fibra de vidrio ondulada, un material sintético opaco típico de mediados del siglo XX que, aunque hoy resulte algo pasado de moda, a Arrhov Frick le gusta utilizar por su ligereza y resistente estructura, además de por el color tenuemente amarillento de la luz que proyecta). Tras la sala de estar, se dispone una pequeña cocina, el dormitorio y la zona de servicios; y arriba, un espacio desván, al que se puede acceder desde el estar por una empinada escalera de mano, metálica. Una sólida estufa de hierro, negra, hace saber que la vivienda está preparada para días más fríos. Los materiales empleados —madera de pino, vidrio, metal y fibra de vidrio— son cálidos y ligeros, agradables al tacto. Hay una cualidad antropomórfica en el espacio acorde a la escala del cuerpo humano.

Vista desde la distancia, la casa parece sostenerse en suspensión sobre el suelo —su armazón de madera laminada descansa sobre finos plintos de hormigón afianzados sobre grandes peñascos—, y parece más una tienda de campaña, sujeta provisionalmente a la tierra, que una construcción sólida que domine el terreno. Los pilares de madera son lo suficientemente firmes como para sostener el peso ligero de la casa. Pero, a diferencia de los musculosos *pilotis*, que simbolizan el triunfo moderno sobre la gravedad y son capaces de soportar grandes pesos, la función del armazón de esta Casa de vacaciones en Viggsö parece ser, meramente, la de vincular con el terreno los espacios de uso de la vivienda.

Johan explicó que todos los elementos de la casa habían sido prefabricados y dimensionados para que el cliente (que había heredado esta parcela en la que había pasado muchos veranos durante su infancia) pudiera transportarlos, por sí mismo o con la ayuda de un asistente, desde la orilla cercana al lugar de construcción. A Viggsö sólo se puede llegar por medio de una embarcación, por lo que, al igual que sucede en la laguna de Venecia, por ejemplo, cualquier transporte de material resulta complejo y costoso (para ilustrar su propia labor de transporte del material de obra por la isla, el cliente nos pidió que le ayudáramos a sacar su canoa del agua y colocarla bajo el piso de la casa). Con todo, aunque no se precisara para su construcción de maquinaria pesada ni de andamiaje, tanto el diseño de la casa como el proyecto de ingeniería y la planificación de la obra requirieron bastante tiempo. Se hicieron distintas pruebas para decidir cuidadosamente la mejor ubicación de la casa en el terreno, tanto en relación con su posición respecto a los árboles y los desiguales peñascos, como en cuanto a las vistas sobre el agua. A esto hubo que sumar la negociación con las autoridades urbanísticas, y conseguir la autorización para una construcción tan próxima a la orilla.

Esta larga fase de planificación, que es normal en la manera de hacer de Arrhov Frick, contrasta con la rapidez de ejecución de la obra. Incluso para los legos, la construcción de la casa es evidente. En teoría, podría desmontarse fácilmente y ser transportada a otro lugar.

La isla de Viggsö está a un corto trayecto en barco desde el centro de Estocolmo. Aquí el suelo es muy caro. Me dijeron que había un restaurante *gourmet* cerca, en una de las islas. A lo largo del litoral de costa, tras los árboles, se divisan segundas residencias. Durante la pandemia de covid-19, esta zona se volvió aún más apreciada porque es ideal para trabajar desde casa, ensimismarse y aislarse de la élite social. Los pedidos por correo se entregan puntualmente por barco.

Towards the Light

The Architecture of Arrhov Frick

Philip Ursprung

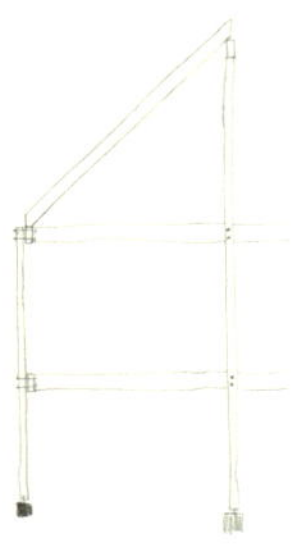

CASA EN VIGGSÖ
HOUSE IN VIGGSÖ
Varmdo, Stockholm Archipelago, Sweden, 2013/2016

On a sunny afternoon in August 2021, I sat on the wooden terrace of the Viggsö Holiday House on the tiny island of Viggsö. I had coffee with Johan Arrhov and the client. We were overlooking the skerry islands of the Stockholm archipelago. All the clichés of the northern late summer came together. The air was still warm. I smelled the Baltic Sea. The yellowish sunlight was reflected in the waves. A gentle breeze blew across the water. Occasionally a boat passed by. Screams of seagulls interrupted the silence. Pebbles and mussel shells lay scattered on the small beach. Blueberries were growing between the lichen-covered boulders around the house. I learned that ABBA spent their summers in nearby cabins in the 1970s, and that many of their greatest hits were composed here. For a moment I thought I heard someone playing 'Waterloo'. And I would not have been surprised if a glittering Baltic cod had jumped out of the waves and landed straight on our table.

I immediately felt at home. Light and air flood the house. The steep roof and high gable open a generous space in the living area. The roof is made of undulated fibreglass. The opaque synthetic material, typical of the mid-20th century, is somewhat outmoded today. However, Arrhov Frick like to use it in their buildings because of its lightness, its robust structure and the fine yellowish colour of the light. There is a small kitchen, a bedroom and services in the back. A loft-like space on the upper floor can be reached by climbing a steep metal ladder from the living area. A robust black iron stove announces that the house is prepared for cooler days. The warm, light materials — pine wood, glass, fibreglass, and metal — are pleasant to touch. There is an anthropomorphic quality in the space, which corresponds to the scale of the human body.

Seen from a distance, the house seems to hover over the ground. The frame, made of laminated wood, rests on slender concrete plinths which are sitting on the large boulders. The house resembles more a tent which is provisionally anchored in the ground than a solid building that dominates the terrain. The wooden pillars are strong enough to carry the light weight of the house. Unlike muscular pilotis, which support a heavy weight and symbolize the modernist triumph over gravity, the beams of the Viggsö Holiday House merely seem to connect the living spaces with the terrain.

Johan explained that all the elements of the house were prefabricated and dimensioned so that the client, who had inherited the plot where he had spent many summers during his childhood, could carry them by himself, or with a helper, from the nearby shore to the construction site. Viggsö can only be reached by boat. As in the Venice lagoon, for example, all material transport is complicated and costly (as if to illustrate his own task of carrying building material over the island, the client asked us to assist in moving his canoe from the water and fixing it under the floor of the house). No heavy machinery and no scaffolding was necessary for the construction of the holiday house. Planning, engineering and design took a long time. The choice of the best location on the plot, the position of the house relative to the uneven boulders, the trees, and the view over the water were carefully tested. This included negotiation with the zoning authorities to allow a building close to the waterfront.

This long planning phase, which is typical of Arrhov Frick's method, stands in contrast to the rapid fabrication. Even for laymen, the construction of the house is evident. In theory, it could be dismantled easily and transported to another site.

Viggsö is a short boat-ride from central Stockholm. Land is very expensive. I was told there was a gourmet restaurant nearby on one of the islands. Large second homes can be seen behind the trees of the coastline. During the Covid-19 pandemic, the area became even more prized. It is ideal for the home offices and self-isolation of the social elite. Mail orders are delivered promptly by boat.

¡MÁS GRETA!

Hablé con Johan sobre la crisis climática, y sobre su efecto en la arquitectura. Me interesaba saber más acerca del rol que desempeña Greta Thunberg en la sociedad sueca. Johan mencionó que su hijo era amigo de una amiga de Greta. Recordé el llamamiento "¡Menos Tesla, más Greta!" que mis colegas del Departamento de Arquitectura de la ETH de Zúrich —An Fonteyne, Freek Persyn y Jan De Vylder— hicieron un año antes, en una reunión de profesores, cuando nos juntamos tras la primera ola de pandemia para discutir sobre el futuro de la profesión arquitectónica.

Ese llamamiento, "¡Menos Tesla, más Greta!", apunta al dilema al que nos enfrentamos: la mayoría de la gente está a favor de la idea de la sostenibilidad, siempre y cuando no le suponga cambiar su comportamiento. La mayoría, también de los arquitectos, confía todavía en que los problemas de la industrialización se resolverán por medio de la tecnología, a través de los mismos medios responsables de la creación de estos problemas. Tesla sería uno de esos símbolos de la inquebrantable confianza en el progreso que a la par elimina sus desventajas. Quienes conducen un Tesla se dicen a sí mismos que utilizando este medio protegen el entorno sin tener a cambio que prescindir de la movilidad. Después de todo, ¡no tiene un tubo de escape que expulse contaminación! Pero, en realidad, la polución se subcontrata allí donde resulta invisible para el conductor: en las minas de litio de América Latina, en las gigantescas factorías del desierto de los Estados Unidos o en los bosques del norte de Alemania. El riesgo financiero también se subcontrata, traspasándolo a las siguientes generaciones en forma de cotizaciones bursátiles fluctuantes; en otras palabras, de apuestas a futuro.

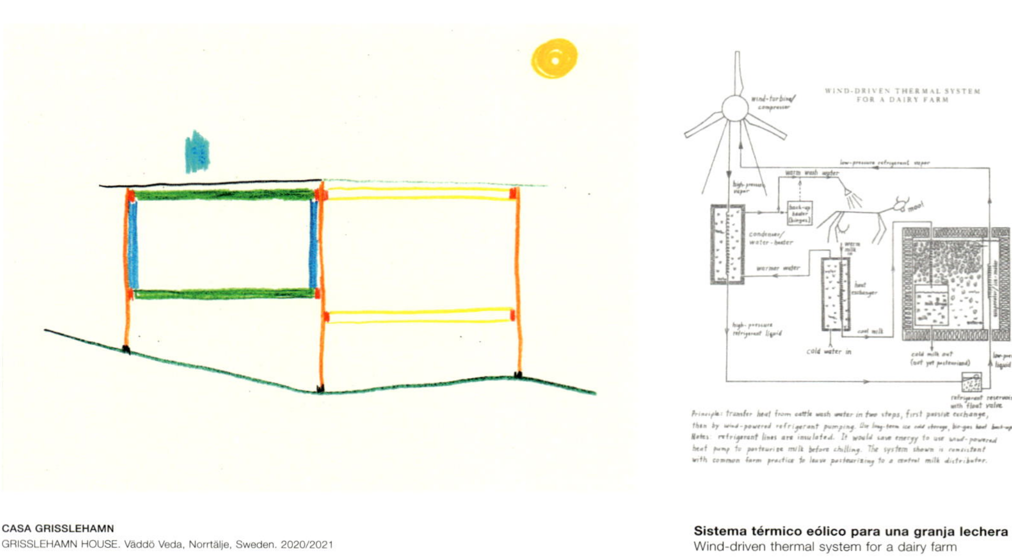

CASA GRISSLEHAMN
GRISSLEHAMN HOUSE. Väddö Veda, Norrtälje, Sweden. 2020/2021

Sistema térmico eólico para una granja lechera
Wind-driven thermal system for a dairy farm

En cualquier caso, lo que Greta defiende es un cambio de cultura y actitud, un enfoque holístico. Su huelga escolar a favor del clima en agosto de 2018, frente al parlamento sueco, desencadenó una ola internacional de protestas, en particular, el movimiento *Fridays for Future*. Greta personifica un cambio de perspectiva, el representativo del punto de vista de una generación joven o, para ser exactos, el de unos adolescentes conscientes de la crisis, preocupados por el futuro y escandalizados por la indiferencia de la generación de sus padres, el modo de considerar el problema de una generación que escucha a los científicos y está dispuesta a actuar.

Saboreando nuestro café en aquel espectacular entorno, la crisis parecía, al mismo tiempo, próxima y lejana. ¿No estaba cambiando la idea misma de verano? De sinónimo de ocio, despreocupación y alegría, el verano se estaba convirtiendo paulatinamente en algo a lo que temer, en una señal de peligro, con sus olas de calor, sus incendios forestales y sus vendavales e inundaciones. Durante el verano, la crisis climática no parece ser algo que sobrevendrá en el futuro, sino algo que ya está aquí, ahora, afectando al bienestar y a la vida de las personas, los animales y las plantas.

En Europa, los países nórdicos están menos seriamente afectados por la crisis que los del Sur. Aunque el rápido calentamiento del Ártico desestabilice la Corriente en Chorro e interrumpa el movimiento de masas de aire sobre Europa, ocasionando veranos más cálidos en Noruega, Suecia y Finlandia, el deshielo polar durante la estación cálida brinda nuevas rutas de navegación. En un futuro próximo, la baja densidad urbana, la abundancia de recursos naturales para la producción de energía y la estructura social estable podrían devenir beneficiosos para los países nórdicos. Es probable que, en la percepción de los europeos, los países nórdicos pronto pasen de considerarse en los márgenes a entenderse como centrales.

Greta es un símbolo de este cambio de perspectiva, al igual que la arquitectura de Arrhov Frick. Lo que hace que la Casa de vacaciones en Viggsö suponga una sólida contribución en relación con el papel de la arquitectura en la crisis climática es su ligereza y su aspecto efímero. Como arquitectura, es apenas nada: ocupa poco espacio y su masa se aguanta sobre la tierra casi sin esfuerzo. Marca el terreno, pero no lo aplasta bajo su peso. Trata sobre el cuidado y el respeto hacia el medio ambiente. Parece reconocer que la tierra ya estaba allí antes de que llegara la construcción, y que allí permanecerá mucho tiempo después de que ésta desaparezca.

MORE GRETA!

We discussed the climate crisis and its effect on architecture. I was interested to know more about the role of Greta Thunberg in the Swedish society. Johan mentioned that his son was a friend of a friend of Greta. I recalled the appeal "Less Tesla, more Greta!" that my colleagues An Fonteyne, Freek Persyn and Jan De Vylder made at a faculty meeting of the Department of Architecture at ETH Zurich a year earlier. We had gathered after the first wave of the Covid-19 pandemic to discuss the future of the architectural profession.

"Less Tesla, More Greta!" indicates the dilemma: most people are in favour of the idea of sustainability as long as they don't have to change their behaviour. The majority, and also the majority of architects, still hope that the problems of industrialization will be solved by the same means that created them, through technology. Tesla is a symbol of the unwavering belief in progress while simultaneously suppressing its downsides. Those who drive a Tesla tell themselves that they are protecting the environment while not having to do without mobility. After all, there is no exhaust from which pollution could come! In reality, however, pollution is outsourced to places where it remains invisible to the driver, to the lithium mines in Latin America and the Giga Factories in the desert of the United Sates or the forests of northern Germany. The financial risk is outsourced as well. It is handed over to the following generations in guise of fluctuating stock prices — in other words bets on the future.

Greta Thunberg. Huelga escolar en el Parlamento Sueco (2018)
Swedish Parliament school strike (2018)

Movimiento *Fridays for Future*
Fridays for Future movement

Greta, on the other hand, stands for a change of culture and attitude — a holistic approach. Her school strike for climate in front of the Swedish parliament in August 2018 launched an international wave of protest, notably the *Fridays for Future* movement. Greta personifies the shift of perspective towards the point of view of a young generation, or, more precisely, to teenagers. They are aware of the crisis, concerned about the future, scandalized about the indifference of their parents' generation, listening to scientists — and ready to act.

Sipping our coffee in this spectacular environment, the crisis seemed both far away and close by. Was the very notion of summer not changing? From a synonym of leisure, carefreeness and happiness it was gradually turning into a signal of danger; into something to fear. Summer also means heat waves, wildfires, droughts and flooding. During summer, the climate crisis is not something to come in the future, but something which is here and now, affecting the wellbeing and lives of people, animals and plants.

In Europe, the northern countries are less severely hit by the crisis than those in the South. The rapidly warming Arctic which destabilizes the jet stream and interrupts the movement of masses of air over Europe brings warmer summers to Norway, Sweden and Finland. Melting polar ice during the warm season means new shipping routes. In the near future, the low urban density, the abundance of natural resources for energy production and the stable social structure could turn out to be benefit of the northern countries. It is likely that in the perception of Europeans, the northern countries will soon move from the margins to the centre.

Greta is a symbol of this change of perspective. And so is the architecture of Arrhov Frick. What makes the Viggsö Holiday House a strong contribution with regard to architecture's role in the climate crisis is its lightness and ephemeral aspect. As architecture, it is almost nothing. It occupies little space and its mass is supported almost effortlessly above the ground. It marks the terrain, but it does not crush the ground it under its weight. It is about care and respect for the environment. It seems to acknowledge that the ground was there before the building came and will remain long after it is gone.

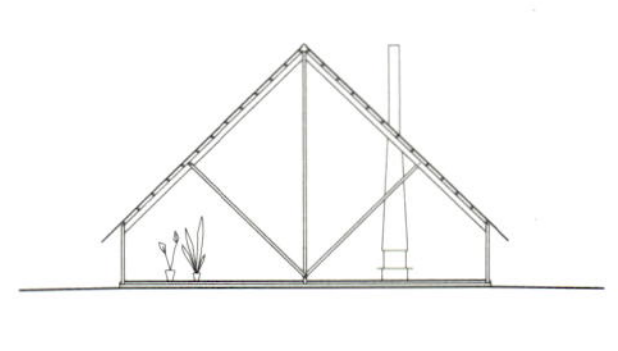

CASA EN BREDÖREN
HOUSE IN BREDÖREN
Värlingsö, Upsala, Sweden. 2019/2021

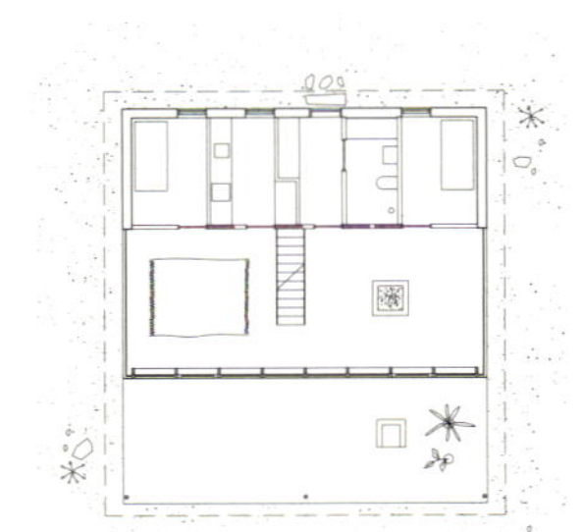

WALDEN, O LA VIDA EN LOS BOSQUES

Después de visitar el pintoresco paisaje de Viggsö, hicimos un largo trayecto en barco para ir a la Casa Bredören, situada en la parte septentrional del archipiélago, en Varlingsö, cerca de Upsala. La isla presenta una topografía más monótona, aunque también bella. Me llamó la atención su cielo abierto y su planicie, la ausencia de cualquier elemento vertical. A diferencia del archipiélago meridional, próximo a la capital, el suelo del archipiélago Norte está poco explotado y su precio es razonable. El cliente pudo permitirse comprar una isla entera, pequeña, con algunas construcciones.

La nueva casa se asienta sobre una sólida base de hormigón, montada directamente sobre el terreno como el pedestal de una escultura. La construcción es de metal y madera y, al igual que en Viggsö, se remata por una cubierta ligera de policarbonato. Esta cubierta, translúcida, junto con los grandes huecos acristalados, capta el máximo de luz; también brinda protección contra la lluvia y la nieve al prolongarse la inclinación de sus faldones hasta casi tocar el suelo. Una chimenea exenta remarca la altura de la sala de estar. Los servicios, los dormitorios y la cocina se disponen en la parte de atrás. Imaginé lo agradable que puede llegar a ser una estancia en este espacio, no sólo en verano, sino también en invierno.

Paseamos por la isla. Un muelle de madera y unos cobertizos con viejas redes de pesca aludían al tiempo en que éste era un lugar utilizado para la pesca del bacalao y el arenque. El olor del agua salobre inundaba el aire. El cielo estaba nublado. Crecían unos pocos pinos, alargados. A primera vista todo parecía en perfecta armonía, lejos de las fábricas, del ruido urbano, del tráfico. Aun así, también era perceptible una cierta melancolía. Recordé el paisaje de las películas de Andrei Tarkovsky, en particular de la última, *The Sacrifice* (1986), rodada en la isla sueca de Gotland. La imagen idílica era engañosa. Sabíamos que la contaminación y la falta de oxígeno, además de décadas de sobrepesca, habían llevado a la antes abundante población de peces al borde del colapso. Estábamos paseando entre las ruinas de la industria pesquera.

Entendí por qué Arrhov Frick había puesto la Casa Bredören a cierta distancia del grupo de cabañas existentes. La casa no se adapta al contexto de las construcciones anteriores, no intenta reparar la fragmentación del pasado. Al contrario, abre un nuevo capítulo. Cuando uno observa la fachada acristalada de la casa, con una retícula de carpintería de madera que parece una estructura minimalista de Sol LeWitt, resulta obvio que no hay precedentes de esta forma, ni tradición local o tipológica. La construcción es todo menos alusiva al pasado. No hay nada melancólico en esta arquitectura. Es una arquitectura, como la de todos los edificios de Arrhov Frick, llena de optimismo.

Nuestra conversación pasó de Greta a Henry David Thoreau, el naturalista estadounidense famoso por su libro *Walden; or, Life in the Woods* (1854). Cuando uno ve las imágenes de la Casa de vacaciones en Viggsö o de la Casa Bredören, le viene a la mente la portada del libro de Thoreau, un ensayo que trata sobre el propósito del escritor de construir con sus propias manos una cabaña en un bosque cercano a Concorde, Massachusetts. Thoreau vive allí dos años, dos meses y dos días; en parte, de manera autosuficiente. El experimento no versa únicamente sobre un modelo de forma económica de vivir en un espacio pequeño, en equilibrio con la naturaleza, también prefigura los objetivos de los arquitectos contemporáneos en pos de reducir la huella de carbono producida por la industria de la construcción y por la vida misma.

Walden no es anti-moderno, ni trata sobre la huida de la civilización. El mero hecho de que la estancia esté limitada a un arbitrario lapso de tiempo de dos años, dos meses y dos días subraya su carácter experimental. La cabaña de Thoreau se ubicó cerca de una línea de ferrocarril, la que conducía a la próspera ciudad de Boston. El autor viaja regularmente a la ciudad para adquirir víveres. Recibe visitas frecuentes de sus amigos. *Walden* es un manifiesto en favor de un progreso que resulte justo para todos los miembros de la sociedad, una llamada a la interacción y la convivencia pacífica. Thoreau fue uno de los primeros escritores en articular la coherencia entre los seres humanos y los no humanos. Estudió esa interrelación de los organismos que luego, en el siglo XX, empezaría a llamarse 'ecosistema'. Sin embargo, sus intereses no se limitaban a los fenómenos naturales. Estaba comprometido políticamente, daba conferencias públicas en las que combatía la esclavitud y criticaba la desigualdad social y los impuestos injustos. Su obra sigue siendo ejemplar por su interrelación entre lo individual y lo comunitario, lo privado y lo político.

Este enfoque holístico es también característico del trabajo de Arrhov Frick. Su proceso de diseño abarca temas de economía, ecología, ingeniería, producción, estética y equidad social. La atención prestada a los clientes, al material, a la tierra o a los operarios es evidente en sus proyectos. Cuando les pregunté sobre sus modelos a seguir, Johan y Henrik mencionaron a la diseñadora y educadora Ana Betancour, que fue profesora suya en la Kunigla Tekniska Högskola (KTH) de Estocolmo. En sus enseñanzas, Betancour aborda la planificación de ciudades sostenibles, la ecología y el compromiso político, combinando la escala grande y la pequeña, lo personal y lo político. Ellos consideran a Betancour su maestra más inspiradora.

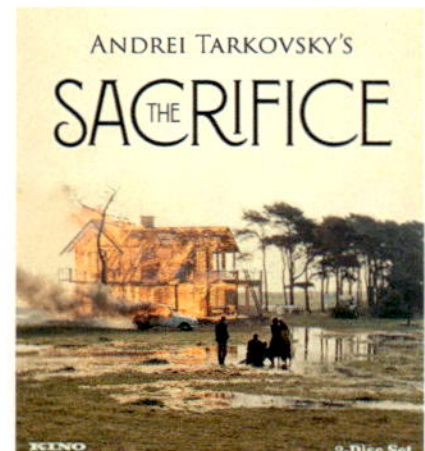

Andrei Tarkovsky
The Sacrifice (1986)

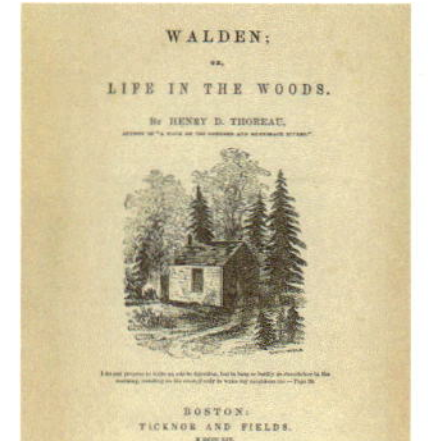
WALDEN;

OR,

LIFE IN THE WOODS.

BY HENRY D. THOREAU.

BOSTON:
TICKNOR AND FIELDS.

Henrik D. Thoreau
Walden; or, Life in the Woods (1854) and cabin replica

WALDEN; OR, LIFE IN THE WOODS

After moving in the picturesque landscape of Viggsö we took a long boat ride to the Bredören House in Varlingsö, near Upsala. It stands in more monotonous yet also beautiful landscape in the northern archipelago. I was struck by the wide-open sky and the flatness of the land and the absence of any vertical elements. In contrast to the Southern archipelago close to the capital, the land in the northern archipelago is little exploited and affordable. The client could purchase an entire small island with several existing buildings.

The new house sits on a massive concrete foundation cast directly on the terrain like the pedestal of a sculpture. The construction is in metal and wood and, as in Viggsö, covered by a light, polycarbonate roof. The translucent roof that protects the porch and the large windows catch as much light as possible. The steep roof almost touches the ground, giving protection from rain and snow. An open chimney marks the high living room. Services, bedrooms and kitchen are located towards the back. I imagined how pleasant it was to stay in this space, not only in summer, but also during the winter.

We walked around the island. A wooden pier, some sheds with old fishing nets recalled the time when this was a busy place for fishing for cod and herring. The smell of the brackish water filled the air. The sky was cloudy. Some narrow pine trees were growing. A first sight everything seemed in perfect harmony, far away from factories, city noise, car traffic. Yet, there was also an impression of melancholy. I was reminded of the landscape in Andrei Tarkovsky's movies, particularly his last film, *The Sacrifice* (1986) which was shot on the Swedish island of Gotland. The idyllic image was deceptive. We knew that the pollution and lack of oxygen, besides decades of overfishing, had brought the formerly abundant fish population to the brink of collapse. We were strolling through the ruins of the fishing industry.

I understood why Arrhov Frick had placed the Bredören House at some distance from the existing cluster of cabins. It does not adapt to the context of the existing houses. It does not attempt to repair the fragmented past. On the contrary, it opens up a new chapter. When looking at the glazed facade with its grid of wooden window frames that resemble a minimalist structure by Sol LeWitt, it is clear that there are no predecessors for this shape; no local tradition or typology. The building is anything but backward looking. There is nothing melancholy about this architecture. It is, like all buildings by Arrhov Frick, full of optimism.

Our conversation moved from Greta to Henry David Thoreau. The American naturalist is famous for his book *Walden; or, Life in the Woods* (1854). When looking at the images of Viggsö Holiday House and House Bredören, the cover of Thoreau's book comes to mind. The essay deals with the author's project to build a cabin with his own hands in the forest near Concorde, Massachusetts. He lived there, partially self-sustained, for two years, two months, and two days. The experiment is not only a model of an economical way of living in a small space, in balance with nature. It also prefigures the aims of contemporary architects to reduce the carbon footprint of both the construction industry and of living.

Walden is not anti-modernist, nor about escaping civilization. The sheer fact that the stay is limited to the arbitrary time span of two years, two months and two days underlines its experimental nature. Thoreau's cabin is located near a railroad line which leads to the booming city of Boston. The author regularly goes into town to purchase goods. He receives frequent visits from friends. *Walden* is a manifesto for a progress which is fair to all members of the society; a plea for interaction and peaceful cohabitation. Thoreau was one of the first writers to articulate the coherence of humans and non-human beings. He studied the interrelationships of organisms which would not be called 'ecosystems' until the 20th century. Yet his interests were not limited to natural phenomena. He was politically committed, giving public lectures against slavery and criticizing social inequality and unfair taxation. His work remains exemplary for the interrelationships between the individual and the community; the private and the political.

This holistic approach is also characteristic of Arrhov Frick's work. Their design process involves issues of economics, ecology, engineering, production, aesthetics, and social fairness. Their care for clients, materials, the land and workers is evident in the design. When I asked about their role models, Johan and Henrik referred to the designer and educator Ana Betancour who was their teacher at Kunigla Tekniska Högskola (KTH) Stockholm. In her teaching, Betancour addresses sustainable city planning, ecology and political engagement. She combines the large scale and the small scale, the personal and the political. They consider Betancour to be their most inspiring teacher.

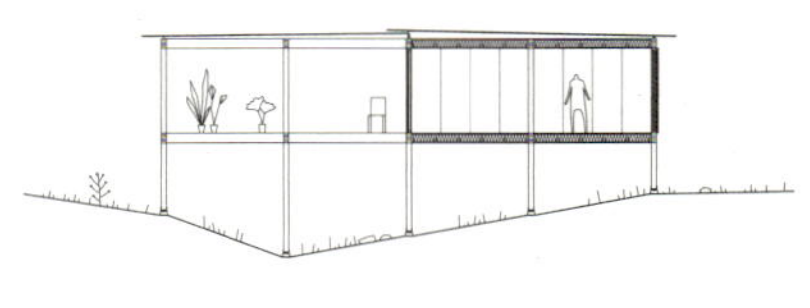

CASA GRISSLEHAMN
GRISSLEHAMN HOUSE
Väddö Veda, Norrtälje, Sweden. 2020/2021

ARQUITECTURA Y GEOLOGÍA

La atención de Arrhov Frick hacia los usuarios, los materiales, el medio ambiente, lo humano y lo no humano, lo que está vivo y lo que no, quedó también patente en nuestro siguiente lugar de reunión, próximo a la costa y no lejos de Bredören: la Casa Grisslehamn, en Vaddo Vega. Allí, Arrhov Frick ha diseñado un plan general para la gran superficie de tierras de cultivo de la que es propietario su cliente. El plan prevé disponer todas las casas propuestas lo suficientemente distanciadas entre sí de las vecinas para que en cada una de ellas se tenga la sensación de vivir en lo más profundo del bosque. La Casa Grisslehamn ha sido el primer proyecto en construirse.

Al igual que en Viggsö, esta casa se sostiene sobre unos pilares de madera laminada, ahora en forma de cuadrícula. De nuevo, la madera y la fibra de vidrio son los principales materiales. La atmósfera es cálida, espaciosa y llena de luz. El acceso a la casa atraviesa la superficie de un enorme peñasco. Sentir la textura ligeramente irregular del granito bajo mis zapatos, antes de cruzar el umbral de madera de la casa, me recordó la relación entre el tiempo humano y el geológico. Se podría decir aquí que la arquitectura es una prolongación de la corteza terrestre; que se vincula con el insondable tiempo de la geología a través de las piedras y los minerales empleados en su construcción. El paisaje actual de Suecia fue moldeado por los glaciares de la Edad de Hielo. Sus islotes rocosos fueron pulidos por la capa de 3.000 metros de hielo que cubrió la zona hasta hace unos 12.000 años. Cuando los glaciares retrocedieron, dejaron a su paso una topografía discontinua de rocas, charcas y ciénagas. Nuestro breve paseo por los alrededores de la casa, caminando sobre las ásperas superficies de las peñas de granito, fue también un viaje a través de la historia de la Tierra.

La retícula cuadrada de la estructura de madera es flexible. Unos paneles correderos permiten abrir o cerrar la terraza. De acuerdo con el clima, la casa puede abrirse al entorno o ensimismarse y procurar cobijo. Los espacios dentro de la cuadrícula no se ordenan jerárquicamente: un dormitorio puede convertirse en una sala de estar, o el estudio transformarse en porche. El funcionamiento de la casa y los movimientos de sus usuarios tampoco se programan. Dentro de esta organización de estancias no hay espacios secundarios, ni pasillos de servicio. Por ejemplo, el espacio bajo la casa, punteado por las rocas, es lo suficientemente grande como para almacenar materiales, o incluso para aparcar bicicletas. Como si fuera un escenario teatral, las diferentes partes de la casa permiten desarrollar distintas escenografías vitales, desde las más personales hasta las más colectivas, desde una forma de vida introvertida a una más extrovertida. La diversidad de la vegetación —abedules, líquenes, musgo, arándanos, helechos y flores diversas— es perceptible y fácilmente accesible.

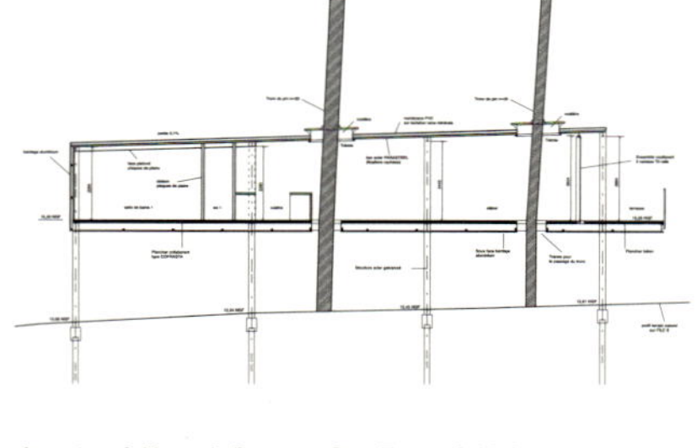

Lacaton & Vassal. Casa en Cap Ferret (1998)
Lacaton & Vassal. House in Cap Ferret (1998)

Si las casas de Viggsö y Bredören parecen tiendas de campaña, intervenciones efímeras en el territorio, la Casa Grisslehamn parece una villa, es decir, una casa en el campo, una tipología arquitectónica que se origina en la Antigüedad y que literalmente se vuelca sobre el territorio. Su retícula ortogonal recuerda ese proceso de abstracción que está tan estrechamente ligado a la colonización, la medición y la topografía de la tierra. Esto permite una interacción estrecha con la flora y la fauna del entorno, aunque manteniendo una distancia respetuosa. Me recordó a la Casa en Cap Ferret (1998) de Lacaton & Vassal —cuyo trabajo admira Arrhov Frick—, una casa situada sobre una duna de arena en la Bahía de Arcachon que respeta los pinos y la vegetación del suelo. Pero, mientras en Cap Ferret se dejan crecer los árboles a través de aperturas en el edificio, en la Casa Grisslehamn se guarda una cierta distancia respecto a la vegetación y se atiende a la interacción entre los espacios interiores y los exteriores.

CASA GRISSLEHAMN
GRISSLEHAMN HOUSE
Väddö Veda, Norrtälje, Sweden. 2020/2021

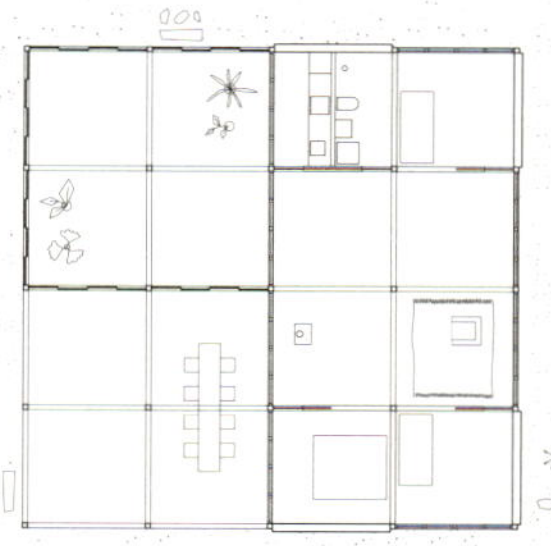

ARCHITECTURE AND GEOLOGY

Arrhov Frick's care for the inhabitants, the materials, the environment, the human and non-human, the living and non-living was also evident at our next venue, House Grisslehamn. It is not far from Bedören, in Vaddo Vega, near the coast. The client owns a large farmland site. Arrhov Frick designed a masterplan dividing the land into plots. Each of the planned houses is sufficiently distant from its neighbours to give the impression of living deep inside the forest. Casa Grisslehamn is the first project to be completed.

Like the Viggsö House it stands on pillars of laminated wood which form a grid. Again, wood and fibreglass are the main materials. The atmosphere is warm, airy and full of light. The access to the house goes over a huge boulder. To feel the surface of the slightly uneven granite under my shoes before stepping over the house's wooden threshold reminded me of the connection between the human time and the geological time. Architecture, one could say, is a continuation of the crust of the earth. Through the stones and minerals used for construction it is related to the deep time of geology. The landscape of today's Sweden was shaped by the glaciers of the Ice Age. The skerries were polished by 3,000 metres of ice that covered the area until about 12,000 years ago. When the glaciers receded they left behind a discontinuous topography of rocks, bogs and ponds. Our short stroll around the house, walking over the rough surfaces of granite boulders was also a journey through the history of the Earth.

The wooden structure, with its square grid, is flexible. Gliding walls make it possible to open and close the terrace. Depending on the weather, the house can open to its surroundings or close and provide shelter. The spaces in the grid are not ordered hierarchically. A bedroom can turn into a living room, a study can turn into a porch. The behaviour and movements of the inhabitants are not programmed. Within this organization of rooms, there are no secondary spaces and no service corridors. For instance, the space under the house, marked by the boulders, is large enough to be used to store bikes or equipment.

As on a stage, the different parts of the house offer various backdrops for living, from the more individual to the more communal and from more introverted to a more extrovert living. The diversity of vegetation, with birches, lichen, moss, blueberries, ferns, and various flowers is visible, and easily accessible.

Lacaton & Vassal. Casa en Cap Ferret (1998)
Lacaton & Vassal. House in Cap Ferret (1998)

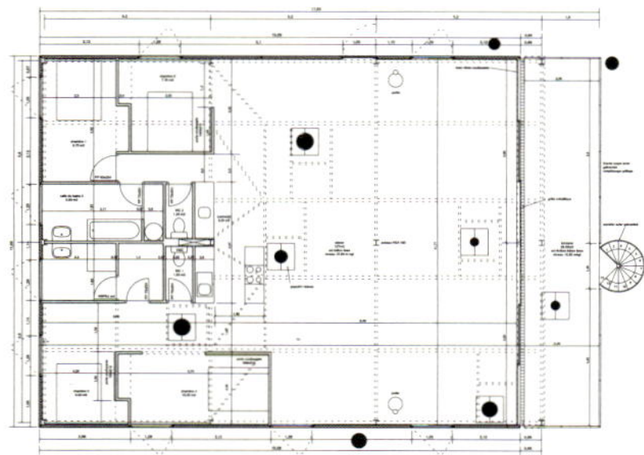

If the houses in Viggsö and Bredören resemble tents — ephemeral interventions in the land — House Grisslehamn resembles a villa. In other words, a country house of an architectural typology that originates in Antiquity. It literally overlooks the territory. Its orthogonal grid recalls the process of abstraction which goes hand in hand with colonization: the measuring and surveying of the land. It allows for close interaction with flora and fauna, yet it also keeps a respectful distance. It reminded me of the Cap Ferret House (1998) by Lacaton Vassal Architects whose work Arrhov Frick admire. The house on a sand dune at Arcachon Bay respects the pine trees and the ground vegetation. Whereas Lacaton Vassal's lets the trees grow through opening of the building, Grisslehamn House keeps a slight distance from the vegetation and deals with the interaction of inside and outside spaces.

CONSTRUYENDO SOBRE RUINAS INDUSTRIALES

Los agradables momentos que pasé en barco, deambulando sobre rocas y disfrutando de las vistas desde las terrazas de madera casi me hicieron olvidar que Suecia era algo más que vacaciones de verano y vida al aire libre. Era hora de visitar Estocolmo. Henrik Frick se unió a nuestro grupo y me llevó, junto con Johan Arrhov, a visitar dos de sus edificios en la ciudad. Nuestra discusión pasó a tratar sobre la diferencia entre lo rural y lo urbano. ¿Dónde termina la arquitectura y dónde empieza el urbanismo? ¿Cómo opera el diseño para diferenciar el proyecto de una casa del de un apartamento en un bloque de viviendas? ¿Cómo, a una escala mayor, en el marco del tejido urbano, el diseño se ve afectado por la relación con el entorno natural, el aire, la luz o el suelo?

Conduciendo a través de la ciudad, con su compleja topografía de islas, la presencia del agua siguió siendo absoluta, aunque el rango de las construcciones cambió. Me enteré de que Johan y Henrik se criaron en ciudades relativamente pequeñas, no en Estocolmo, y que guardan una gran simpatía por lo rural y lo suburbano, además de una cierta distancia hacia la metrópolis. Durante nuestras conversaciones, no escuché nada que pudiera sugerir esa ligera condescendencia hacia lo provinciano que percibo en muchos de los proyectistas y teóricos actuales que han crecido en una metrópolis. Arrhov Frick ni desprecia ni tiene una visión romántica de lo provinciano, más bien comparte una cierta indiferencia hacia la centralización, algo que también he observado en otros arquitectos que crecieron fuera de los centros de poder —por ejemplo, H Arquitectes, Bruther, Architecten Jan De Vylder Inge Vinck, Lacaton & Vassal o Gion Caminada—. Recordé lo que me dijo una vez el difunto Dan Graham, originario de Nueva Jersey, respecto a que las ciudades cambian en los márgenes, mientras que los centros están muertos.

BLOQUE DE VIVIENDAS HAMMARBY GÅRD
HAMMARBY GÅRD HOUSING BLOCK
Stockholm, Sweden. 2012/2015

Nos acercamos a uno de sus primeros edificios, el Bloque de viviendas Hammarby Gård, terminado hace una década. La escala del antiguo puerto industrial todavía podía sentirse en esta zona. Johan y Henrik insisten en que éste fue uno de sus primeros proyectos y que gracias a él pudieron aprender bastante. El promotor decidió confiar el proyecto a oficinas jóvenes y convocó un concurso por invitación. La fachada exterior expresa solidez. La búsqueda de una forma de construcción que resultase económica les condujo a Lituania, a una antigua factoría soviética. La instalación debía tener un aspecto parecido al de un dinosaurio, propio de otro período, pero allí seguían sus operarios, con todos sus conocimientos y orgullo. Ellos se ocuparon de cincelar a mano, cuidadosamente, los bordes de los módulos prefabricados; unos módulos cuya superficie rugosa recuerda la porosidad del travertino. Pude imaginarme perfectamente a esos jóvenes arquitectos suecos paseando por la fábrica ("básicamente, un prado con techo", como apuntó Johan) y admirando los bloques de hormigón colado de igual forma que expresaban su fascinación por los peñascos del archipiélago. Los restos naturales de la edad de hielo, los fragmentos del socialismo y las ruinas del área postindustrial de Estocolmo convergían en este edificio.

La fachada al patio ajardinado destaca por sus galerías acristaladas. Durante gran parte del año estos balcones corridos, dispuestos a lo largo de todo el bloque, proporcionan un espacio exterior adicional a los apartamentos, una suerte de jardín de invierno frecuentemente compartido y lleno de vida. La variedad de plantas, muebles, artículos almacenados, juguetes, etc. allí acumulados convierte la fachada en una aldea vertical que contrasta absolutamente con la de los bloques vecinos, con sus balcones aislados y cercados por los omnipresentes paneles de vidrio (unos balcones que parecen inutilizados salvo para almacenamiento; en realidad, meros cumplimientos de unos códigos y normativas municipales que en absoluto añaden calidad de vida).

COMPLEJO RESIDENCIAL EN BRUNSTORP
RESIDENTIAL COMPLEX IN BRUNSTORP
Jönköping, Sweden. 2016/2018

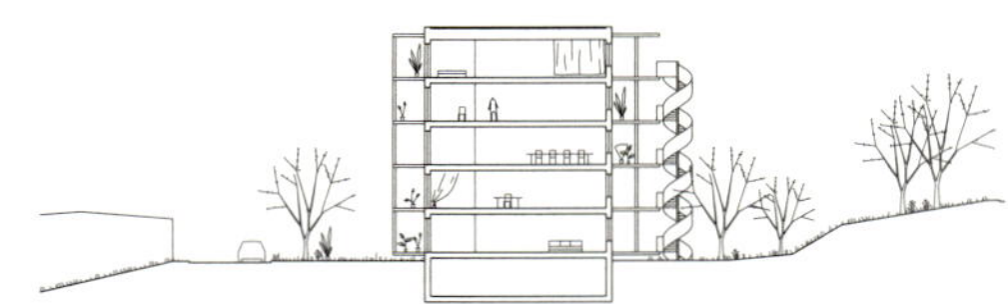

BUILDING ON INDUSTRIAL RUINS

The pleasant time spent on boats, wandering over boulders and enjoying the view from wooden terraces made me almost forget that Sweden was more than summer holidays and outdoor life. It was time to visit Stockholm. Henrik Frick had joined our party and led me together with Johan Arrhov to two of their buildings. Our discussion moved towards the difference between the rural and the urban. Where does architecture end, and where does city planning start? How does the design for a house differ from the design of an apartment in a block? How does the relationship with the natural environment air, light, the ground, inform design on a larger scale within an urban fabric?

Driving through the city with its complex topography of islands, the water remained omnipresent, yet the scape of buildings changed. I learned that both Johan and Henrik grew up in comparatively small towns, not in Stockholm. They kept a strong sympathy for the rural and the suburban and a certain distance to the metropolis. During our discussions, I heard nothing of the slight condescension towards the provincial which I sense with many of today's designers and theorists who grew up in a metropolis. They neither despise nor romanticize the provincial. They rather share a certain nonchalance towards centralization which I also observed with other architects who grew up outside the powerful centres, for instance H Arquitectes, Bruther, Architecten Jan De Vylder Inge Vinck, Lacaton & Vassal, or Gion Caminada. The sayings of the late Dan Graham, from New Jersey, came to mind. He once told me that cities change at the margins, whereas their centres were dead.

BLOQUE DE VIVIENDAS HAMMARBY GÅRD
HAMMARBY GÅRD HOUSING BLOCK
Stockholm, Sweden. 2012/2015

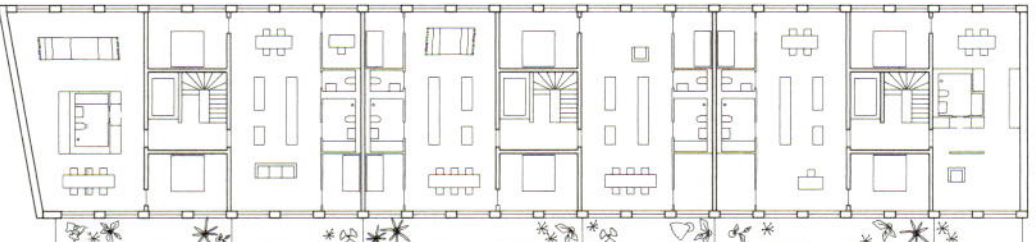

We approached one of their very first buildings, Hammarby Gård Housing Block, completed a decade ago. The scale of the former industrial harbour can still be felt in this area. Johan and Henrik insist that they were at the beginning of their career then and were able to learn a lot from this early project. The developer had trusted young architects and invited them for a competition. The outer facade expresses robustness. The search for an economical form of construction took them to a former Soviet plant in Lithuania, which must have looked like a dinosaur from another period. But the workers, with all their knowledge and pride, were still there. They chiselled the edges of the prefabricated modules carefully by hand. The rough surface recalls the porosity of travertine. I could well imagine the young architects from Sweden strolling through the factory — "basically a meadow with a roof", as Johan puts it — and admiring the blocks of cast concrete in a way that was similar to their fascination for boulders in the archipelago. The natural remnants of the Ice Age, the fragments of Socialism and the ruins of the post-industrial area of Stockholm converged.

The side facing the courtyard is marked by glazed balconies. During much of the year they offer the flats an additional room, like wintergardens. Instead of being isolated balconies, they run through the entire length. The outer space is commonly shared and alive. The variety of plants, furniture, storage, toys, and so on turns the facade into a vertical village. It is a stark contrast to the neighbouring blocks where the isolated balconies, surrounded by the omnipresent glass sheets, seem to be unused except for storage, mere fulfilling of building codes and norms without any added quality of life.

PARK - EDIFICIO DE APARTAMENTOS
PARK - HIGH-RISE APARTMENT BUILDING
Jönköping, Sweden. 2021-

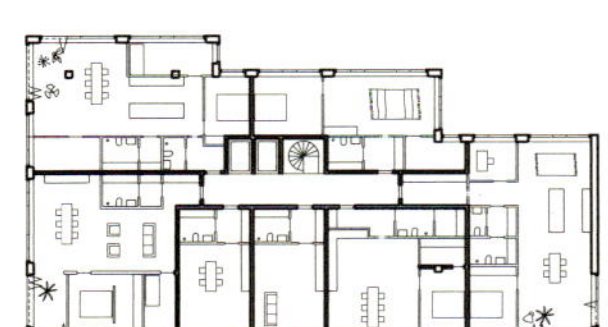

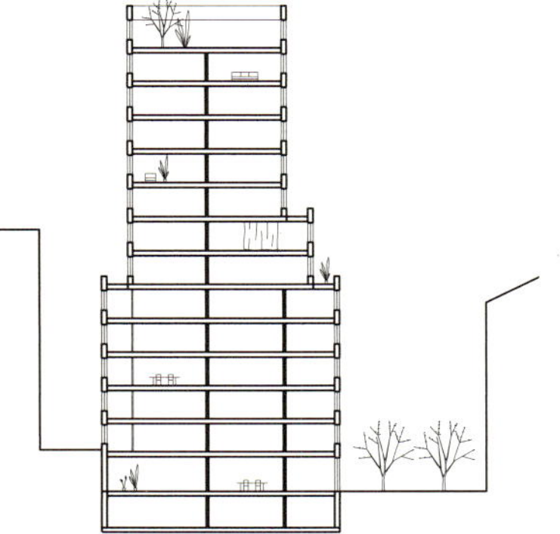

BLOQUES DE VIVIENDAS UNITÉ
UNITÉ HOUSING BLOCKS
Stockholm, Sweden. 2013/2021

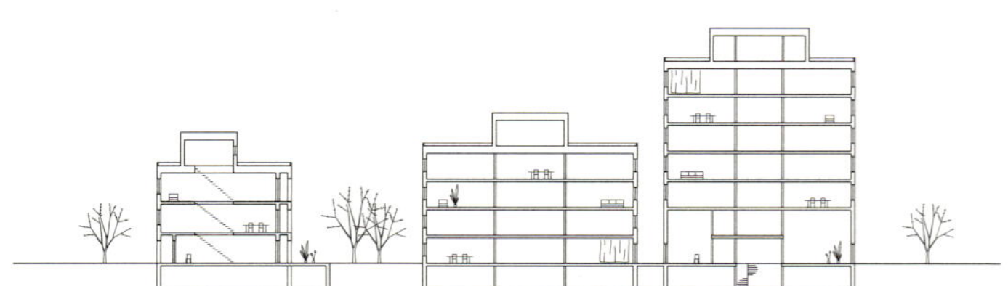

Concluimos nuestro recorrido con una visita a los Bloques de viviendas Unité, situados en Norra Djurgårdsstaden, una extensa área en desarrollo cercana a la zona residencial central de Estocolmo y al Royal National City Park. En este ámbito, donde se gestionó el tráfico de petróleo, gas y carbón durante el siglo XX, el antiguo puerto industrial va dando paso gradualmente a una mezcla de edificios residenciales y culturales, también a espacios de trabajo y de ocio. El objetivo es crear un área de cero emisiones, un buque insignia de la sostenibilidad urbana. (Gasklocka, un proyecto no realizado de Herzog & de Meuron consistente en una torre de vidrio que reemplazaba uno de los antiguos depósitos de gas, pretendía ser el icono de esta zona postindustrial.)

Johan Arrhov y Henrik Frick me explicaron que ganaron este concurso por invitación gracias a una propuesta que repartía la gran cantidad de apartamentos demandados en tres volúmenes, en lugar de en los dos originalmente solicitados. Por consiguiente, las unidades tienen mayor exposición al exterior y sus interiores gozan de más luz. Planteado en principio para construirse en madera, el proyecto se demostró adelantado a su tiempo y terminó ejecutándose en hormigón. La crisis financiera de 2018, que frenó brevemente el aumento vertiginoso de los precios inmobiliarios, forzó al cliente a dividir aún más los apartamentos. El conjunto también sobrevivió a un incendio antes de su terminación.

Algunos de los apartamentos están organizados como casas adosadas urbanas, con su pequeña porción de jardín particular. Del resto, la mayor parte cuenta con un balcón. La disposición de los tres volúmenes evita la monotonía propia de los barrios residenciales densos. Su articulación, y la de los apartamentos, más que reforzar la retícula ortogonal del pasado industrial recuerda la leve irregularidad de los cascos antiguos. También, mientras muchos de los edificios vecinos optan por fachadas revestidas, Arrhov Frick muestran explícitamente la estructura de hormigón, manifestando, en lugar de ocultar, la estandarización y la logística de la industria de la construcción.

VILLA TOIVONEN
VILLA TOIVONEN
Singö, Sweden. 2016/2019

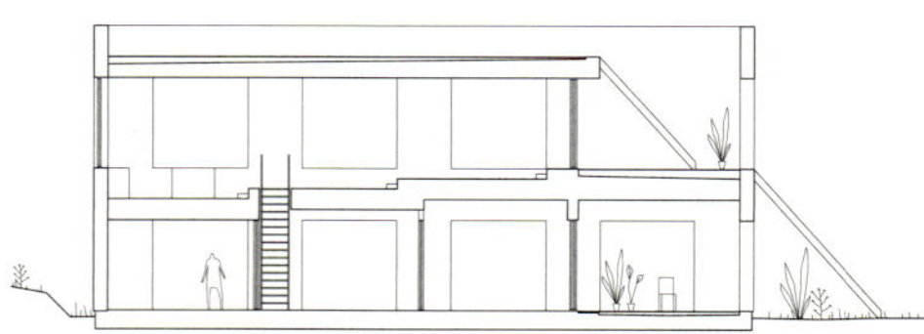

Un beneficio adicional para los usuarios es la gran azotea del bloque principal. La falta de espacios comunes en la planta baja se compensa con un espectacular espacio compartido en la cubierta: una terraza que ofrece vistas sobre el parque y los remanentes del pasado industrial. El acceso a este punto de observación —la ascensión hacia la luz— une a la comunidad y retoma una idea que los arquitectos ya han tratado con anterioridad: en la Villa Toivonen, una empinada escalera y una escala conducen a través de la casa hasta una terraza desde la que observar el mar; y en la propuesta (no realizada) para el concurso de la Torre Antena en Santiago de Chile, se entrelazan las vistas con la infraestructura tecnológica.

A diferencia de muchos otros arquitectos que emplean el ladrillo para poner en relación su proyecto con el pasado industrial, Arrhov Frick usa el hormigón, evitando así la mirada nostálgica y la fetichización del edificio fabril que prevalece hoy en día en muchos de los *lofts* y frentes portuarios rehabilitados. Como se apuntó antes, su arquitectura anuncia un nuevo comienzo más que una colonización del pasado. Aunque por lo general las viviendas prefabricadas de hormigón se asocien con los países socialistas —particularmente, con la Alemania del Este y con la antigua Unión Soviética—, esta técnica constructiva estuvo muy presente también en Suecia durante el auge del Estado del Bienestar en los años sesenta y setenta. Los edificios industrializados no son identitarios del socialismo. En cualquier caso, la posibilidad de proporcionar viviendas asequibles y confortables a todos los miembros de la sociedad resulta oportuna en un contexto de precios disparados en la construcción y los bienes inmuebles. Los proyectos de vivienda urbana de Arrhov Frick continúan esa tradición y la dotan de una nueva vida. Resultan ejemplares, en un sentido que trasciende la específica situación de Suecia.

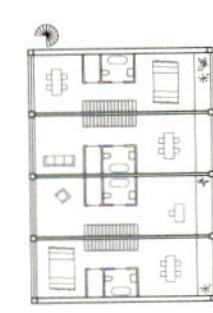

BLOQUES DE VIVIENDAS UNITÉ
UNITÉ HOUSING BLOCKS
Stockholm, Sweden. 2013/2021

We concluded our tour with a visit to Unité Housing Blocks. It stands in Norra Djurgårdsstaden, a large area in development near the central residential zone of Stockholm and the Royal National City Park. Located where oil, gas and coal were handled during the 20th century, the former industrial harbour gradually gives way to a mix of homes, leisure, culture and workspaces. The aim is to create a zero emission area: a flagship for urban sustainability. (Gaslocka, an unbuilt project by Herzog & de Meuron consisting of a glass tower replacing one of the former gas tanks, was intended to be the icon of this post-industrial area).

Arrhov Frick explained that they won an invitational competition by splitting a large mass of flats from the original two volumes into three. As a result, the units are more exposed to the outside. The interiors are flooded with light. Originally planned to be constructed in wood, the project proved to be ahead of its time and was finally built in concrete. A financial crisis in 2018 which briefly interrupted the skyrocketing of real estate prices forced the client to further divide the apartments. The unit also survived a fire before the completion of the construction.

Some of the flats ore organized like urban terraces, each with its own small patch of garden. Most have a balcony. The position of the buildings avoids the monotony of dense housing. Rather than reinforcing the orthogonal grid of the industrial past, the arrangement of the three blocks and the flats recalls the slight irregularity of old towns. While many of the neighbouring buildings have cladded facades, Arrhov Frick explicitly show the concrete structure. The standardization and logistics of the construction industry are not disguised, but made manifest.

PROYECTO TORRE ANTENA
ANTENA TOWER PROJECT
Santiago, Chile. 2014

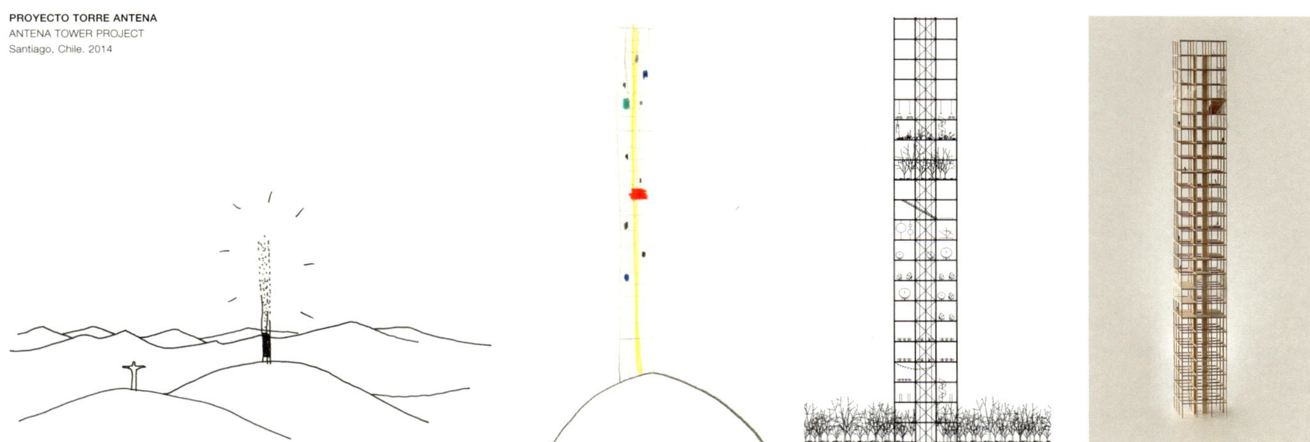

An additional benefit for the inhabitants is the large roof terrace on the main block. The lack of communal space on the ground floor is compensated for by a spectacular shared space which offers a view of the remnants of the industrial past and the park. The access to a viewpoint, ascending towards light unites the neighbourhood. It takes up a theme that the architects have dealt with earlier. In the Villa Toivonen a steep stair and ladder lead through the house to a terrace for observing the sea. And in the unbuilt competition entry for the Torre Antena in Santiago de Chile, views and technological infrastructure are intertwined.

Unlike many other architects who use bricks to connect their design to the industrial past, Arrhov Frick use concrete. They thus avoid the nostalgic look and fetishization of the factory building that prevails in many of today's refurbished lofts and harbour fronts. As already mentioned, they announce a new beginning rather than colonizing the past. Precast concrete housing is generally associated with Socialist countries, particularly Eastern Germany and the former Soviet Union. However, this building technique was also very much present in Sweden during the boom of the Welfare State in the 1960s and 1970s. Industrialized buildings are not identical with Socialism. Yet the possibility of providing affordable, comfortable housing for all members of society is timely in a context of skyrocketing real estate and construction prices. The urban housing projects by Arrhov Frick continue this tradition and fill it with new life. They are exemplary far beyond the specific situation in Sweden.

DIBUJOS: MÁS ALLÁ DE LA TIPOLOGÍA

Hicimos una parada en Estocolmo para visitar la Iglesia Markuskyrkan de Sigurd Lewerentz, proyectada a finales de la década de los cincuenta y construida a principios de los sesenta. Hablamos sobre la forma en la que se disponían las ventanas, sobre el modo en el que las superficies de ladrillo y madera aparecían expuestas, sobre la conformación de los techos y sobre cómo se dirigía la luz (al igual que muchos de los arquitectos actuales, Johan Arrhov y Henrik Frick admiran este edificio, lo adecuado de su escala y de la relación del espacio construido con el cuerpo humano, o el acierto de sus cambios de perspectiva y de sus efectos atmosféricos). También comentamos, por otro lado, la estrecha interacción entre el arquitecto, el carpintero y el albañil que emana de la obra, o la cantidad de trabajo artesanal y atención a los detalles que evidencia —cada piedra tratada como una pequeña obra de arte—, todo ello elocuente de una época que ya pasó hace tiempo.

Observé la afinidad de Arrhov Frick con el trabajo de Lewerentz: el que sus edificios resulten atractivos tanto desde la distancia como desde la cercanía. Incluso allí donde los procesos de construcción no están sólo en sus manos, la elección de los materiales y la cuidadosa disposición de los objetos permiten atender con esmero cada detalle. ¿Hay alguna tradición en particular a la que se sumen Arrhov Frick? ¿Es su enfoque 'sueco'? ¿Están continuando algo ya comenzado por Lewerentz?

La respuesta es no. Desde el cambio de Milenio, la educación superior en arquitectura en los países industrializados está más o menos homogeneizada. Las cadenas de suministro, los materiales de construcción, las tecnologías y los programas informáticos tienen un carácter internacional. Dentro de la comunidad académica arquitectónica los modelos a seguir se canonizan. Hay bastante unanimidad en cuanto a temas de valores estéticos y culturales. Suele ser difícil decir si un proyecto es resultado del trabajo de una oficina de Estocolmo, Madrid, Pekín o Boston. Los desafíos a los que se enfrenta la profesión son comparables, aunque las condiciones varíen en función de la situación política y económica de cada país. Al igual que muchos de sus colegas de otros países europeos, Arrhov Frick comenzó su práctica en un período de auge y recuperación de la construcción, poco después de la crisis económica de 2008. Es sólo cuestión de tiempo que sus proyectos se construyan fuera de Suecia.

Casa en Viggsö / House in Viggsö

Casa Grisslehamn / Grisslehamn House

Más que por las tipologías o por las tradiciones específicas, Arrhov Frick se interesa por los tipos. Los croquis que acompañan sus proyectos son emblemáticos de este enfoque. Expresan la idea conceptual, empleando para ello, por lo general, lápices de colores. Por ejemplo, la Casa de vacaciones en Viggsö, se presenta a vista de pájaro y como alzado. El primer croquis muestra la estilizada planta de la casa con un punto rojo en el centro —el horno—, su división en tres partes —terraza, estar y servicios—, una forma de color arena —la playa—, unos círculos verdes —los árboles— y unas masas grises del mismo tamaño que la casa —los peñascos—. ¡La casa es también un peñasco! El segundo croquis, el alzado, representa la otra idea básica, esto es, que la casa ortogonal está rodeada de árboles exactamente de su misma altura. ¡La casa también es un árbol!

En la Casa Bredören, el alzado es aún más básico: una línea gruesa para la base de hormigón y otra línea fina para las vigas y los puntales. En un primer croquis del alzado, la cubierta toca el suelo; en un segundo, hay un corto muro. La idea resulta evidente: ¡esta casa es una cubierta! El croquis de la planta, con la chimenea como centro de gravedad, pone de relieve, de nuevo, las tres partes de la casa: la zona de servicios, oscura; el área de estar, iluminada; y el porche, que despide luz. Este croquis también esboza con tres puntos grises el anclaje de la estructura metálica a la armadura de cubierta. Un cuarto croquis, a vista de pájaro, muestra con claridad la ubicación en la isla de la nueva casa en relación con las cabañas preexistentes, la línea de la costa y la dirección de la luz del sol. ¡La casa es parte de una aldea en miniatura!

En la Casa Grisslehamn, un croquis de alzado muestra la distinción entre refugio y terraza: unas líneas gruesas indican el espacio protector y una línea fina ligeramente inclinada muestra la cubierta que resguarda de la lluvia. El suelo de la terraza, que está más cerca de la tierra, se señala con unos gruesos trazos de color verde: un espacio exterior expuesto al sol. Otro alzado muestra la retícula ortogonal y el anclaje del armazón de madera, en parte, en la capa superior del terreno, en parte, sobre la roca. Una vez más, la roca tiene casi el tamaño de la sala de estar: ¡la casa vive sobre la roca!

DRAWINGS: BEYOND TYPOLOGY

We made a halt to visit in Sigurd Lewerentz' Markuskyrkan in Stockholm. It was designed and constructed in the late 1950s and early 1960s. We discussed the way the windows were placed, the way the surfaces of bricks and wood is exposed, and the way the ceilings are shaped and the light is directed. (Like many of today's architects, Arrhov Frick admire this building; the atmospheric effects, the relation of the built space to the human body, the change of perspective and scale is timely). On the other hand, the amount of handicraft and detailing and the close interaction of designer, carpenter and bricklayer, where every single stone is treated as a small piece of art, stems from a period that is long gone.

I saw the affinity with Lewerentz' work. Arrhov Frick's buildings are appealing from a distance as well as from close up. Even where construction processes are not in their hands alone, the choice of materials and the careful placement of objects allows for great care to be taken over every detail. Is there a particular tradition that Arrhov Frick adhere to? Is their approach 'Swedish'? Are they continuing something begun by Lewerentz?

The answer is no. Since the Millennium, higher education in architecture in the industrialized countries has been more or less homogenized. Supply chains, building materials, technologies and computer programs are international. Within the academic architectural community role models are canonized and there is much agreement on issues of aesthetics and culture values. It is often hard to say if a design stems from an office in Stockholm, Madrid, Beijing, or Boston. The challenges that the profession is facing is comparable although the conditions vary depending on the political and economic situation of various countries. Like many of their peers in other European countries, Arrhov Frick started the practice during a building boom and recovery, shortly after the economic crisis of 2008. It is only a matter of time before their projects are being built beyond Sweden.

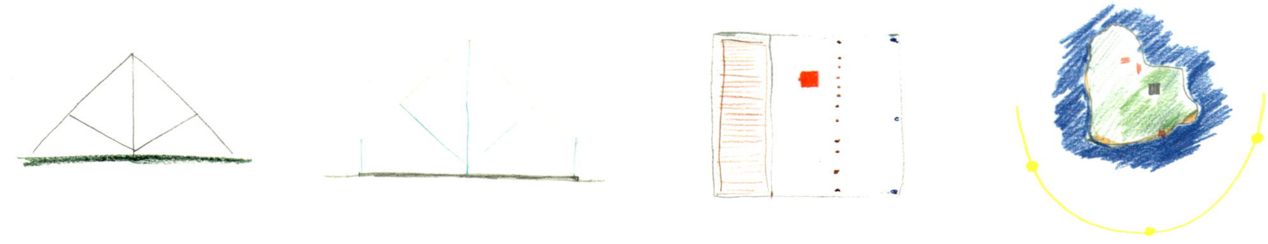

Casa en Bredören / House in Bredören

Rather than in typologies and specific traditions, Arrhov Frick are interested in types. The sketches that go with their projects are emblematic of this approach. They convey the basic idea with a sketch, usually with coloured crayons. The Viggsö Holiday House for example is seen from a bird's eyes view and as an elevation. The bird's eyes view shows a red dot in the centre — the oven. It shows the stylized ground plan of the house, divided into three parts — terrace, living area and services. It features a sand-coloured shape — the beach. Green circles — the trees. Grey masses — the boulders. They are the same size as the house. The house is also a boulder! The elevation depicts another basic idea, namely that the orthogonal house is encircled by trees which are exactly the same height. The house is also a tree!

For the Bredören House, the elevation is even more basic: a thick line for the concrete base; a narrow line for the rafters and the struts. On the first drawing, the roof touches the ground, on the second sketch there is a short wall. The idea becomes clear: this house is a roof! The floor plan again highlights the tree sections — dark service area, light living area and light porch, with the fire place as the centre of gravity. Three grey dots mark the anchoring of the metal construction of the roof truss. The bird's eyes view makes clear the arrangement of the new house on the island related to the pre-existing huts, the shoreline and the direction of the sunlight. The house is part of a miniature village!

In the case of the Grisslehamn House, one elevation shows the distinction between shelter and terrace. Thick lines mark the protective space, a slightly pitched fine line shows the roof which holds off the rain. The floor of the terrace is closer to the ground, marked in thick green: outside, exposed to the sun. Another elevation shows the orthogonal grid and the anchoring of the wooden frame partially in the top soil, partly on the boulder. Again, the boulder is about the size of the living area: the house lives on the boulder!

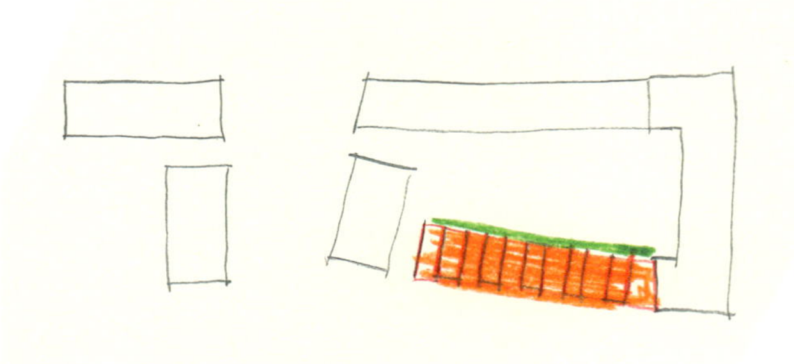

Bloque de viviendas Hammarby Gärd / Hammarby Gärd housing block

En Hammarby Gård, un croquis muestra la situación dada rellenando el hueco existente en el plan general: con una gruesa línea verde se indica el lado de las galerías y de los jardines de invierno —expuestos a la luz del sol—; con trazos rojos se señala el otro lado, también expuesto al sol —los apartamentos, al ser de doble orientación reciben sol todo el día—. Otro croquis de alzado muestra la diversidad de la ocupación: dentro de esta estricta cuadrícula geométrica casi todo es posible —aquí, los puntos de colores son también un homenaje a esa creencia de Lacaton & Vassal de que los usuarios son quienes mejor saben lo que es bueno para ellos—.

Los croquis de los Bloques de viviendas Unité destacan la composición de los tres volúmenes, que se disponen ligeramente oblicuos entre sí. A diferencia de otros croquis, en uno de éstos se dibujan minúsculas personas: dentro de este escenario tan denso, el esfuerzo se centra en dar la mayor privacidad y comodidad posible a cada unidad. También se pone mucho énfasis en la cubierta jardín, que ofrece un espacio común para los vecinos con vistas de los alrededores —como sucedáneo de los espacios comunes de la planta baja, escasos—, y que permite a los residentes renunciar a su intimidad y encontrarse con otros si así lo desean.

Los croquis de Arrhov Frick no representan el origen del proceso de diseño, sino su resultado. No tienen nada que ver con ese mito del croquis dibujado en una servilleta de papel que recorre la historia de la arquitectura desde 1851, desde el Crystal Palace de Joseph Paxon. Para Arrhov Frick, el diseño no es una intuición o una revelación espontánea sino un proceso conceptual, un proceso de desarrollo lento y complejo. No obstante, los croquis facilitan a los clientes, a los miembros de un jurado, a los usuarios y a los críticos una mejor comprensión de sus ideas. Con ellos, no pretenden impresionar ni seducir a sus observadores. Contrastan con la forma dominante de representación hoy en día: los *renders* de Photoshop. Un croquis no requiere de especialistas que manejan programas costosos y dependen de la industria informática, sino que se dibuja rápidamente y puede ser fácilmente reproducido por cualquiera, es accesible y de uso compartido.

Es un placer observar la construcción de una casa, al igual que lo es ver a alguien dibujando. El movimiento de la mano, el trazo del lápiz sobre el papel, el pensar y el hablar se entrelazan. En los croquis de Arrhov Frick este placer del hacer, del inventar, del narrar, se hace presente y se corresponde con su enfoque holístico y optimista de la arquitectura. No hay nada ingenuo en esas imágenes, no tienen nada que ver con la simplicidad. Las contingencias de la logística, las cadenas de suministro, los materiales, los permisos, la tecnología y la financiación están grabadas en su proceso. Pero el resultado parece travieso, y ligero. Nos habla de la alegría de los nuevos comienzos. Y el sol siempre brilla.

Philip Ursprung (Baltimore, EEUU, 1963) es Profesor de Historia del Arte y la Arquitectura en la ETH de Zúrich. Se doctoró en Historia del Arte en la Freie Universität de Berlín tras realizar estudios en Ginebra, Viena y Berlín. Ha impartido clases en la Hochschule der Künste de Berlín, la Universidad de Columbia de Nueva York, el Instituto de Arquitectura de Barcelona, la Universidad de Cornell y la Universidad de Zúrich. Es editor de *Herzog & de Meuron: Natural History* (CCA Montreal and Baden: Lars Müller 2002), *Caruso St John: Almost Everything* (Barcelona: Ediciones Poligrafa 2008) y coeditor de *Gordon Matta-Clark: An Archival Sourcebook* (Berkeley: University of California Press 2022). Es autor de *Allan Kaprow, Robert Smithson, and the Limits to Art* (Berkeley: University of California Press 2013). Entre sus libros recientes se incluyen *Brechas y conexiones: Ensayos sobre arquitectura, arte y economía* (Barcelona, Puente Editores, 2016), *Der Wert der Oberfläche* (Zurich, Verlag gta, 2017), *Representación del Trabajo / Historiografía Performativa, Representation of Labor / Performative Historiography* (Santiago, Chile: ARQ Ediciones 2018) y *Joseph Beuys: Kunst, Kapital, Revolution* (Munich: C.H. Beck, 2021).

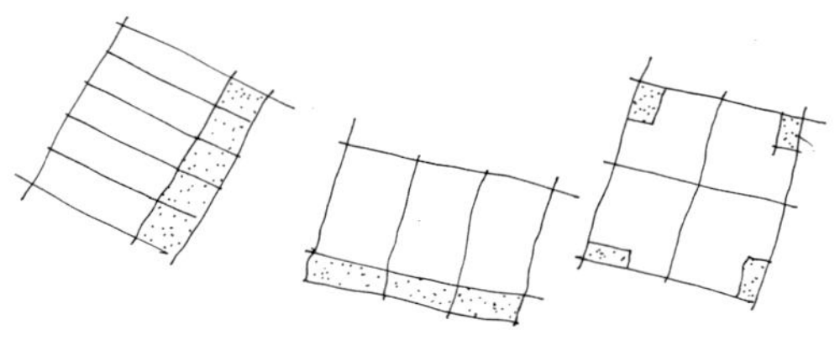

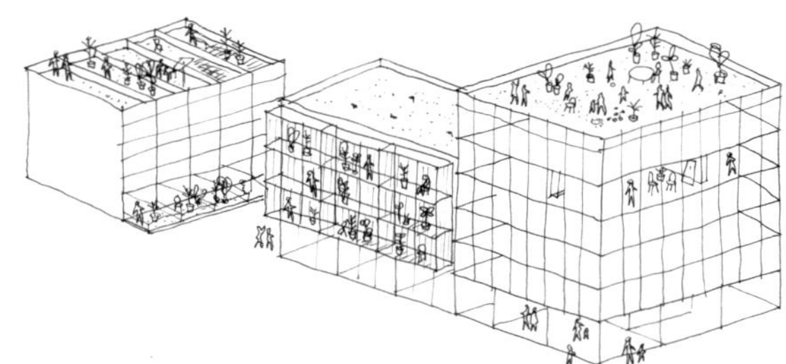

Bloques de viviendas Unité / Unité housing blocks

For Hammarby Gård, the sketch shows the given situation, filling up the gap in a master plan given by the developer. The thick green line shows the side of the balconies and winter-gardens, exposed to sunlight. The other, red side, is also exposed to the sun. The two-sided apartments have sun from morning to evening. The elevation shows the variety of occupation. Within a strict geometric grid, almost everything is possible. The coloured dots are also a nod to Lacaton Vassal's belief that the individual inhabitants know best what is good for them.

The sketch for Unité Housing Blocks highlights the composition of the tree volumes, which are placed slightly obliquely towards one other. Unlike other sketches, tiny people are drawn. Within a very dense setting, efforts are made to give each unit as much privacy and comfort as possible. Much emphasis is place on the roof garden, which offers a communal space for the neighbourhood and a view of the surrounding area. It makes up for the scarce communal spaces on the ground floor and allows individuals to leave their privacy behind and meet if they wish to.

The sketches by Arrhov Frick mediate the result of the design process, not the origin. They are not related to the myth of the sketch on a napkin which runs through the history of architecture since Joseph Paxon's Crystal Palace in 1851. For Arrhov Frick, design is not a spontaneous revelation or intuition but a conceptual process, a slow and complex development. However, the sketches make is easy for clients, jury members, inhabitants and critics to follow their thinking. The sketches are not intended to impress or seduce the observers. They stand in contrast to today's dominant form of representation, the Photoshop rendering. Instead of being handed over the specialists who use expensive programs and depend on the computer industry, a sketch is quickly drawn and can easily be reproduced by anyone. It stands for accessibility and sharing.

It is a pleasure to watch a house being built, just as it is a pleasure to watch someone drawing. The movement of the hand; the line of the crayon on the paper; thinking and speaking intertwine. In Arrhov Frick's sketches, this pleasure of making, inventing and narrating is present, and it corresponds to their holistic and optimistic approach to architecture. There is nothing naïve about these images, and they are not about simplicity. The contingency of logistics, supply chains, material, permits, technology, and financing are inscribed into the process. But the result looks playful and light. It tells of the joy of new beginnings. And the sun is always shining.

Philip Ursprung (Baltimore, USA, 1963) is Professor of the History of Art and Architecture at the ETH Zurich. He earned his PhD in Art History at Freie Universität Berlin after studying in Geneva, Vienna and Berlin. He taught at the Hochschule der Künste Berlin, Columbia University New York, the Barcelona Institute of Architecture, Cornell University and the University of Zürich. He is editor of *Herzog & de Meuron: Natural History* (CCA Montreal and Baden: Lars Müller 2002), *Caruso St John: Almost Everything* (Barcelona: Ediciones Poligrafa 2008) and coeditor of *Gordon Matta-Clark: An Archival Sourcebook* (Berkeley: University of California Press 2022). He is author of *Allan Kaprow, Robert Smithson, and the Limits to Art* (Berkeley: University of California Press 2013). His most recent books are *Brechas y conexiones: Ensayos sobre arquitectura, arte y economía* (Barcelona, Puente Editores, 2016), *Der Wert der Oberfläche* (Zurich, Verlag gta, 2017), *Representación del Trabajo / Historiografía Performativa, Representation of Labor / Performative Historiography* (Santiago, Chile: ARQ Ediciones 2018) and *Joseph Beuys: Kunst, Kapital, Revolution* (Munich: C.H. Beck, 2021).

Hammarby Gård Housing Block

Location Stockholm, Sweden
Client Oscar Properties
Architect Arrhov Frick
Collaborators Carlos Nieto Cid, Martin Miljand, Sofia Nyman
Contractor Oscar Properties Bygg
Prefab Skonto Prefab
Photography Jesús Granada

House in Viggsö

Location Viggsö, Sweden
Client Private
Architect Arrhov Frick
Collaborators Carlos Nieto Cid, Sofia Nyman
Structural Engineer Jesper Borglund, Jan Borglund Byggkonsult
Photography Jesús Granada

Unite Housing Block

Location Stockholm, Sweden
Client Oscar Properties
Architect Arrhov Frick
Collaborators Carlos Nieto Cid, Roberta Corradetti, Milan Simsic, Viktor Lindström
Contractor Oscar Properties Bygg
Structural Engineer Kristian Lönnesjö, KE Gruppen
Prefab Skonto Prefab
Technical consultants Johan Thorstensson, Incoord (HVAC)
Mattias Wehlén, Incoord (electrical)
Photography Jesús Granada

House in Lilla Rågholmen

Location Lilla Rågholmen, Sweden
Client Private
Architect Arrhov Frick
Collaborators Jennifer Heinfeld, Iris Lacoudre, Akane Moriyama
Structural Engineer Olle Norrman, Konkret Stockholm
Photography Jesús Granada

Atelier Lapidus

Location Skägga, Sweden
Client Private
Architect Arrhov Frick
Collaborators Jennifer Heinfeld, Iris lacoudre
Structural Engineer Jesper Borglund, Jan Borglund Byggkonsult
Photography Mikael Olsson

Residential Complex in Brunstorp

Location Huskvarna, Sweden
Client Tosito
Architect Arrhov Frick
Collaborators Carlos Nieto Cid, Roberta Corradetti, Milan Simsic, Viktor Lindström
Contractor Gärahovs Bygg
Structural Engineer Sundberg Byggkonsult
Prefab INHUS Group/ Devi PSP
Technical Consultants Bengt Dahlgren (HVAC)
Projektengagemang (electrical)
Soundcon (acoustics)
Photography Jesús Granada

Villa Toivonen

Location Singö, Sweden
Client Private
Architect Arrhov Frick
Collaborators Jennifer Heinfeld, Rebecca Jordan
Structural Engineer Anders Häggstam, Structural Engineering AB
Photography Jesús Granada

Kraus Housing Blocks

Location Solna, Sweden
Client Oscar Properties
Architect Arrhov Frick
Collaborators Carlos Nieto Cid, Iris Lacoudre, Gustava Grüntuch, Konstantin Miroschnychenko, Milan Simsic
Structural Engineer Bengt Lundblad, Konkret Stockholm
3D model/renders Olivier Campagne for ArtefactoryLab

Bredören House

Location Värlingsö, Sweden
Client Private
Architect Arrhov Frick
Collaborators Jennifer Heinfeld, Malin Skafvenstedt
Structural Engineer Jesper Borglund, Jan Borglund Byggkonsult
Photography Jesús Granada

House in Djupvik

Location Djupvik, Sweden
Client Private
Architect Arrhov Frick
Collaborators Jennifer Heinfeld, Malin Skafvenstedt
Structural Engineer Jesper Borglund, Jan Borglund Byggkonsult
Photography Jesús Granada

Grisslehamn House

Location Väddö, Sweden
Client Private
Architect Arrhov Frick
Collaborators Malin Skafvenstedt, Jennifer Heinfeld, Michelle Malling
Structural Engineer Jesper Borglund, Jan Borglund Byggkonsult
Photography Jesús Granada

House in Hovgarden

Location Adelsö, Sweden
Client Private
Architect Arrhov Frick
Structural Engineer Jesper Borglund, Jan Borglund Byggkonsult
3D model/renders Olivier Campagne for ArtefactoryLab

Hybrid Building Boken

Location Vetlanda, Sweden
Client AB Boken
Architect Arrhov Frick
Collaborators Carlos Nieto Cid, Malin Skafvenstedt
3D model/renders Olivier Campagne for ArtefactoryLab

Velamsund House

Location Saltsjö- Boo, Sweden
Client Private
Architect Arrhov Frick
Collaborators Malin Skafvenstedt, Vendela Storkamp
Photographs Mikael Olsson

Factory Building Fabriken

Location Norrtälje, Sweden
Client Signum Fastigheter
Architect Arrhov Frick
Collaborators Carlos Nieto Cid, Filip Mesko, Jacob Henell
Structural Engineer Jesper Borglund, Jan Borglund Byggkonsult
3D model/renders Olivier Campagne for ArtefactoryLab

Mälarhöjden Housing Block

Location Stockholm, Sweden
Client Raw Property
Architect Arrhov Frick
Collaborators Jacob Henell, Fumiya Hitomi
3D model/renders Arrhov Frick

Créditos

Credits

With special thanks to
Carlos Nieto
for his help and support

ARRHOV FRICK
Jungfrugatan 6
S-114 44 Stockholm. Sweden